Artur Raders / Notker Karcher

Werken mit Papier, Holz, Metall und Kunststoff

Anleitungen und Kopiervorlagen
für Grund- und Förderschulen

Auer Verlag GmbH

Gedruckt auf umweltbewusst gefertigtem, chlorfrei gebleichtem
und alterungsbeständigem Papier.

2. Auflage. 2002
Nach der Neuregelung der deutschen Rechtschreibung
© by Auer Verlag GmbH, Donauwörth
Alle Rechte vorbehalten
Gesamtherstellung: Ludwig Auer GmbH, Donauwörth
ISBN 3-403-02612-4

Inhalt

Vorwort 5

I.   **Didaktische Überlegungen und Anregungen** 7

II.   **Werkarbeiten aus vier Materialbereichen** 9

1   **Werkarbeiten aus dem Materialbereich Papier / Pappe** 9
- 1.1   Ball 9
- 1.2   Mobile 13
- 1.3   Kleisterpapier 18
- 1.4   Ordner 21
- 1.5   Hampelmann 27
- 1.6   Fensterbilder 30
- 1.7   Maske 33
- 1.8   Papier herstellen 36

2   **Werkarbeiten aus dem Materialbereich Holz** 41
- 2.1   Kerzenständer 41
- 2.2   Blumenbrunnen 44
- 2.3   Pferd 52
- 2.4   Tierplastik 62
- 2.5   Puzzle 65
- 2.6   Briefhalter 68
- 2.7   Starenkasten 69

3   **Werkarbeiten aus dem Materialbereich Metall** 79
- 3.1   Brieföffner 79
- 3.2   Armreif 82
- 3.3   Reißnagelzieher 85
- 3.4   Kerzenständer 90
- 3.5   Relief aus Zinn 95
- 3.6   Schweifübung 100

4   **Werkarbeiten aus dem Materialbereich Kunststoff** 103
- 4.1   Uhr 103
- 4.2   Brieföffner 108

Formblatt-Vorlage zum Einkleben der Bild- und Textkarten 111

Vorwort

Vorliegende Werkarbeiten wurden von Artur Raders erarbeitet und über mehrere Jahre im Werkunterricht mit Werkstufen-Schülerinnen und -Schülern der Schule zur individuellen Lebensbewältigung erprobt. Aus diesem Unterricht heraus entstand auch die Idee, ein Werkbuch zu entwickeln, das sich in erster Linie an Lehrkräfte wendet, die mit Jugendlichen in der Werkstufe arbeiten, von denen nur ein mehr oder weniger großer Teil lesen und schreiben kann. Wir haben die Arbeitsschritte zu den vorgestellten Werkaufgaben in Bildern dargestellt, um auch den Schülerinnen und Schülern, die nicht lesen und schreiben können, eine möglichst umfassende Mitarbeit bei der Einführung und Erarbeitung der Aufgaben zu ermöglichen. Vor allem diesen Darstellungen galt unsere Aufmerksamkeit. Sie inhaltlich verständlich und klar zu gestalten, war uns Ansporn und Motivation.
Wir meinen, dass die vorgestellten Arbeiten ebenso mit Schülern aus der Schule zur individuellen Lernförderung und mit solchen aus der Grundschule durchgeführt werden können. Die hier verwendeten Materialbereiche sind auch Teil des Inhalts der Lehrpläne für diese Schulen.

Königsbrunn, im Mai 1995

Artur Raders / Notker Karcher

I. Didaktische Überlegungen und Anregungen

Geht man beim Werkunterricht im Wesentlichen von zwei didaktischen Schwerpunkten, einem einführend-erarbeitenden und einem durchführend-praktischen Teil aus, so beschäftigen sich diese Hinweise mit der erstgenannten, mehr „theoretischen" Sequenz des Unterrichts. In ihr wird die Werkaufgabe vorgestellt, das Interesse und die Neugierde der Schüler für sie geweckt, über das Material gesprochen, aus dem sie hergestellt ist, vor allem aber auch über die Werkzeuge, die bei ihrer Herstellung Verwendung finden. Die einzelnen Arbeitsschritte werden je nach Fähigkeit der Schüler nur mit Bildern, mit Bildern und den dazu ausgeschnittenen Texten oder mit Bildern und selbst geschriebenen Texten erarbeitet. Am Ende dieses ersten Teils wird dann ein Arbeitsablauf vorliegen, nach dem sich die Schüler richten können.
Diese Arbeitsfolge stellt das Lernziel der theoretischen Unterrichtssequenz dar.

Modell der Werkarbeit

Es ist ratsam und hat sich in der Unterrichtspraxis bewährt, für die Einführung und Vorstellung einer neuen Werkaufgabe ein Modell, am besten vom Lehrer selbst gefertigt, zu verwenden. Zum einen lernt dieser so die kritischen Punkte und Schwierigkeiten der jeweiligen Werkarbeit besser kennen und kann sich ein Urteil bilden, zum anderen ist das Modell für die Neugierde der Schüler und ihre Motivation eine wichtige Vorgabe. Sie können die Arbeit begutachten, sie in die Hand nehmen, sich über ihre Verwendbarkeit und ihre Brauchbarkeit Gedanken machen und so einen Zugang zu ihr finden. Zugleich hat die Lehrkraft anhand des Modells die Möglichkeit, über notwendige Elemente und Faktoren zu sprechen, mit denen es die Schüler zu tun haben werden. Vor allem kann in diesem Zusammenhang über das Material gesprochen werden, aus dem das Werkstück besteht, über die Gründe, warum gerade dieses Material verwendet wird und welche Vorteile, aber evtl. auch Schwierigkeiten gerade dieses Material bei seiner Bearbeitung bietet.
Natürlich werden hierbei auch schon die Tätigkeiten erwähnt, die bei der Herstellung ausgeführt werden und auch die Werkzeuge angesprochen, die dabei Verwendung finden. Zu diesem Zeitpunkt muss noch nicht auf Vollständigkeit in dem Sinn geachtet werden, dass schon jetzt alle Details der Werkaufgabe aufgezählt und genannt werden müssten.
Was die Lehrkraft aber an dieser Stelle festhalten und aussprechen sollte, sind die Lernziele, die erreicht, die Fertigkeiten, die erlernt und eingeübt werden sollen. Sie lassen sich zu diesem Zeitpunkt von der Sache her gut herausarbeiten und darstellen. Empfehlenswert und für die Veranschaulichung der Binnenstruktur einer Werkaufgabe förderlich sind Modelle von bzw. Teile aus verschiedenen Arbeitsphasen.
Beispiele für die Tierplastik (2.4):

– Rohling
– Schablone
– herausgesägte Form
– mit der Feile bearbeitete Form
– geglättete Form
– lackiertes Werkstück.

Alle Werkarbeiten können je nach den Fähigkeiten der Schüler und der Zusammensetzung der Klasse abgeändert werden, einmal durch die Auswahl des Materials, zum anderen durch Vorbereitungen durch die Lehrkraft.
Zum Beispiel kann die Form einer Schablone vom Lehrer angefertigt oder von den Schülern selbst entworfen werden. Ebenso können Elemente einer Werkarbeit vom Lehrer vorbereitet oder von den Schülern hergestellt werden (Beispiel: Grundplatte vom Puzzle/2.5).

Minitransparente als „Signalbilder"

Die Arbeit mit den Bildblättern dieses Heftes sollte die Lehrkraft damit beginnen, diese auf Folien zu kopieren, einzelne Bilder* auszuschneiden und als Minitransparente auf dem Tageslichtprojektor zu zeigen. Dadurch ergeben sich vielfältige Möglichkeiten der unterrichtlichen Arbeit.

Die Lehrerin/der Lehrer kann eine bestimmte Anzahl von Bildern ungeordnet präsentieren und im Dialog mit den Schülerinnen und Schülern die richtige Reihenfolge erarbeiten, oder sie/er zeigt jeweils ein Bild nach dem anderen. Ziel ist die genaue Festlegung der Arbeitsschritte und die Vorgehensweise im Rahmen des Unterrichts.

Die Bildfolge und damit auch das logische Nacheinander der Arbeitsschritte richtet sich einmal nach der Werkarbeit, zum anderen nach der Beschaffenheit des Werkzeugs bzw. nach dessen Auswahl. Wird z. B. beim Ablängen des Vierkantholzes für den Kerzenständer (2.1) die Gehrungssäge verwendet, entfällt das Anzeichnen der Länge, da diese mit dem Anschlag der Säge eingestellt werden kann.

Während der Erarbeitung der einzelnen Schritte bietet sich auch die Gelegenheit, über sämtliche Werkzeuge zu sprechen, die bei der Herstellung des Werkstücks gebraucht werden. Diese werden den Schülern gezeigt und ihre Funktion und Handhabung vorgeführt. Ebenso werden in diesem Abschnitt die Verbrauchsmaterialien und ästhetisch-kunsthandwerkliche Aspekte einer Werkarbeit zur Sprache kommen.

Arbeit der Schüler

An die Darbietung der Folienbilder mit dem Tageslichtprojektor schließt sich die Arbeit der Schüler an. Sie besteht aus mehreren Teilen.

Einmal werden die einzelnen Darstellungen aus den kopierten Bildblättern ausgeschnitten, in die mit dem Lehrer erarbeitete Reihenfolge gebracht und auf das im Anhang beigegebene Formblatt in der linken Spalte aufgeklebt. Je nach Umfang werden zwei oder mehrere Blätter verwendet. Danach werden die Jugendlichen je nach Vermögen und Fähigkeit entweder die Textkarten ausschneiden und den jeweils passenden Textblock zu den aufgeklebten Bildern in der rechten Spalte dazukleben oder den Text selbst schreiben.

Bei dieser Sequenz ergibt sich eine weitere Möglichkeit der Differenzierung, wenn einem Schüler oder einer Gruppe von Schülern der Auftrag gegeben wird, die ausgeschnittenen Bilder selbst in die richtige Reihenfolge zu bringen. Es liegt nahe, dass diese Alternative in den Oberstufenklassen der Schule zur individuellen Lernförderung und in der Grundschule Anwendung finden kann.

Bei umfangreichen Werkaufgaben, wie z. B. beim Pferd (2.3), bleibt es der Lehrkraft überlassen, die Bilder in Etappen anzubieten und die theoretische Arbeit durch die praktische Tätigkeit zu unterbrechen. Ein Teil der Werkaufgaben kann sicher als Ganzes angeboten werden.

Am Ende dieses einführenden Teils des Unterrichts sollte jede Schülerin und jeder Schüler Arbeitsblätter in der Hand haben, aus denen die Reihenfolge der Arbeitsschritte klar ersichtlich ist und nach denen sie sich bei der Durchführung und beim Fortgang der Werkaufgabe orientieren können. Bei entsprechenden Fragen der Schüler kann die Lehrkraft auf die erarbeitete und sowohl bildlich als auch schriftlich vorliegende Reihenfolge verweisen.

---

* Bei der Gestaltung der Bilder wurde in erster Linie darauf geachtet, dass die entsprechenden Werkzeuge und die damit verbundenen Handgriffe und Tätigkeiten klar zu erkennen sind. In welcher Art und Weise die Werkzeuge sachlich und technisch richtig gehandhabt werden, spielte eine untergeordnete Rolle. Die angemessene und richtige Handhabung des Werkzeuges muss die Lehrkraft bei der praktischen Durchführung jedem einzelnen Schüler vorführen und zeigen.
Die Darstellungen sind „Signalbilder" zur Erkennung der Werkzeuge und den damit gegebenen Tätigkeiten.

II. Werkarbeiten aus vier Materialbereichen

1 Werkarbeiten aus dem Materialbereich Papier/Pappe

1.1 Ball

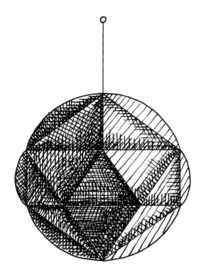

1.1.1 Material:

Tapetenpapier aus alten Tapetenbüchern oder Tapetenrollen

1.1.2 Verbrauchsmaterial:

Papierkleber, Faden

1.1.3 Werkzeuge:

Bleistift, Zirkel (oder Glas, Dose oder Joghurtbecher, um einen Kreis zu zeichnen), Dreieckschablone, Falzbein, Papierschere, Nadel, Büroklammern

1.1.4 Lernziele:

– Genaues Aufzeichnen einüben
– Schneiden und Falten nach einer Linie einüben

1.1.5 Arbeitsschritte:

1 Tapetenpapier durch die Schüler aussuchen lassen
2 Zwanzig Kreise darauf aufzeichnen
3 Aufgezeichnete Kreise mit der Schere ausschneiden
4 Die vom Lehrer angefertigte Dreieckschablone auf die Kreise legen und ihre Form mit dem Bleistift aufzeichnen
5 Die Dreiecke nach den aufgezeichneten Linien mit dem Falzbein falten

6 Je fünf gefaltete Dreiecke zu zwei Fünfecken zusammenkleben. Die Teile dabei mit den Büroklammern zusammenheften.

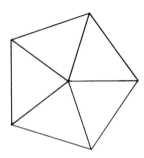

7 Die restlichen zehn gefalteten Dreiecke zu einem geraden Stück zusammenkleben.

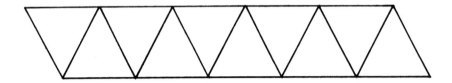

8 Die so entstandenen Teile zu einem Ball zusammenkleben
9 Aufhänge-Faden am Ball befestigen

1.1.6 Hinweis:

Tapetenbücher oder alte Tapetenrollen können beim Maler kostenlos bezogen werden. Die Dreiecksschablonen werden vom Lehrer je nach der Größe der Kreise aus Karton oder Pappe vorbereitet.
Das Werkstück kann auch aus anderen Materialien hergestellt werden (Alufolie, Plakatkarton o. Ä.).

1.1 Ball

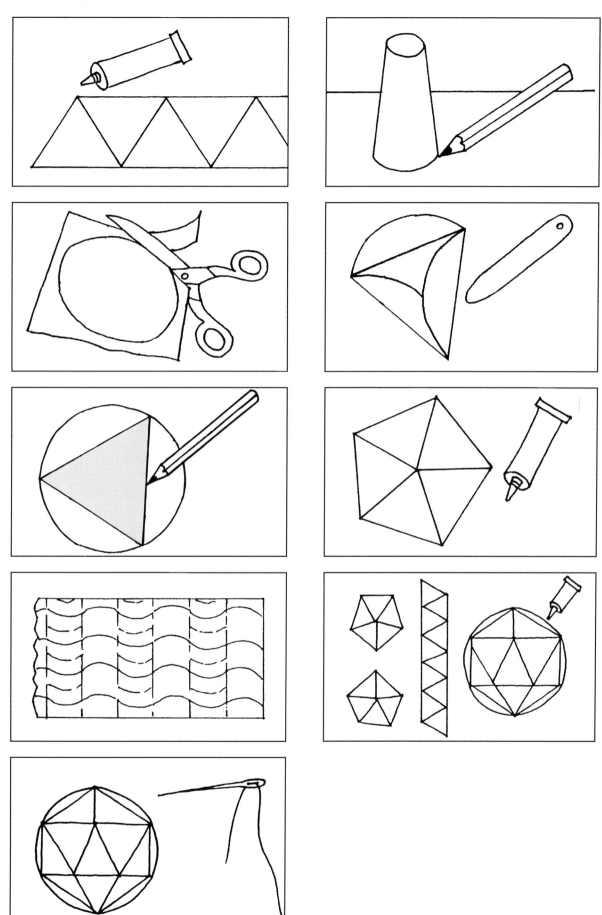
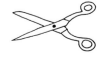

1.1 Ball

Kreise ausschneiden.	Tapete aussuchen.
Dreieck aufzeichnen.	20 Kreise aufzeichnen.
Dreieck falten.	5 Teile zusammenkleben.
10 Teile zusammenkleben.	Die 3 Teile zu einem Ball zusammenkleben.
Faden befestigen.	Pappe – Papier
	Ball

1.2 Mobile

1.2.1 Material:

Tapetenpapier, Faden, Peddigrohr (2 bis 3 mm Ø), Pappe

1.2.2 Verbrauchsmaterial:

Papierkleber

1.2.3 Werkzeuge:

Schablonen in verschiedenen Formen (Tiere, Autos, Blumen, Häuser u. a.), Papierschere, Bleistift, Pappschere

1.2.4 Lernziele:

- Eine Form mit einer Schablone aufzeichnen
- Eine aufgezeichnete Form nach der Linie ausschneiden

1.2.5 Arbeitsschritte:

1. Tapetenpapier von den Schülern aussuchen lassen
2. Die Form der Schablone nach eigener Vorstellung auf die Pappe aufzeichnen
3. Die Form mit der Pappschere ausschneiden
4. Die Formen der Schablonen auf das Tapetenpapier übertragen
5. Formen ausschneiden
6. Die Formen der Schablonen spiegelverkehrt auf das Tapetenpapier übertragen
7. Formen ausschneiden
8. Die Fäden zum Aufhängen der Figuren nach eigener Vorstellung abschneiden
9. Beim Zusammenkleben der zusammengehörenden Formen Fäden mit einkleben
10. Fünf Peddigrohrteile je nach Größe des Mobiles auf Maß zuschneiden
11. Die Figuren am Peddigrohr befestigen (mit dem Kleber fixieren)
12. Das fertige Mobile in die Waage bringen

1.2.6 Hinweis:

Die Länge der fünf Peddigrohrteile und die Läge der Fäden hängen von der Gesamtgröße der Werkarbeit ab. Je nach den Fähigkeiten der Schüler sollten die Schablonen von der Lehrkraft hergestellt werden. Lehrermodell erforderlich!

1.2 Mobile

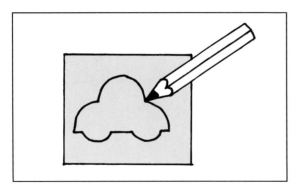
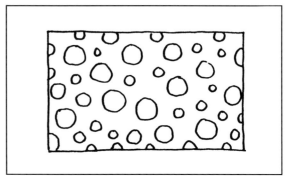
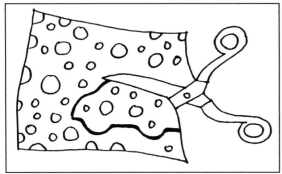
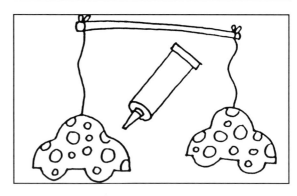
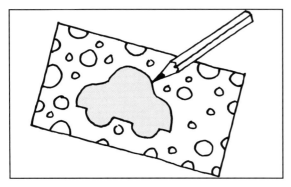
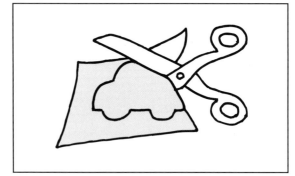
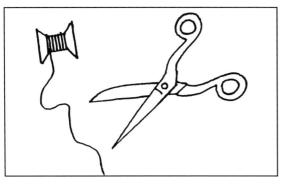
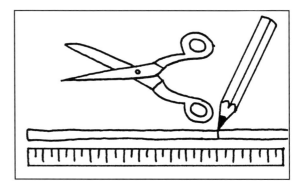

1.2 Mobile

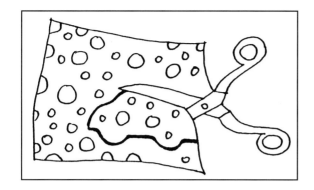
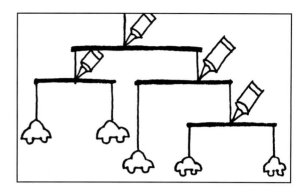
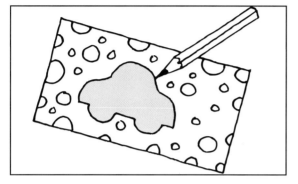
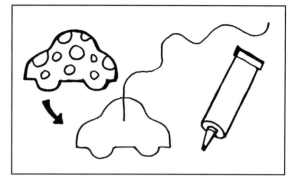

1.2 Mobile

Formen ausschneiden.	Tapete aussuchen.
Form der Schablone auf die Pappe aufzeichnen.	Schablone ausschneiden.
Fäden abschneiden.	Schablone auf die Tapete übertragen.
Formen mit den Fäden zusammenkleben.	Peddigrohr auf Maß zuschneiden.
Pappe – Papier	Mobile

1.2 Mobile

Formen am Peddigrohr befestigen.	Mobile in die Waage bringen.
Schablone spiegelverkehrt auf die Tapete übertragen.	Formen ausschneiden.
Pappe – Papier	Mobile

1.3 Kleisterpapier

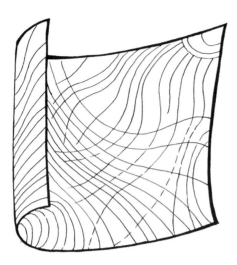

1.3.1 Material:

Schreib- oder Zeichenpapier in verschiedenen Größen

1.3.2 Verbrauchsmaterial:

Kleister (in Farbengeschäften erhältlich), Dispersionsfarben

1.3.3 Werkzeuge:

Schneidemaschine, Pinsel in verschiedenen Größen, Schaumstoffrolle, Kamm, Zahnspachtel, Korken, Schwamm, Hölzer verschiedener Größe zur Gestaltung des Musters

1.3.4 Lernziele:

- Gestalten von freien Farb- und Formmustern
- Handhabung einer Schneidemaschine einüben

1.3.5 Arbeitsschritte:

1 Papier zuschneiden
2 Papier mit dem Kleister einstreichen (mit Pinsel oder Schaumstoffrolle)
3 Eingestrichenes Papier mit Farbe gestalten
4 Farben verlaufen lassen
5 Mit verschiedenen Werkzeugen Muster auftragen
6 Papier trocknen lassen

1.3.6 Hinweis:

Farben nicht zu nass auftragen (Gefahr, dass das Papier beim Trocknen zerreißt).

1.3 Kleisterpapier

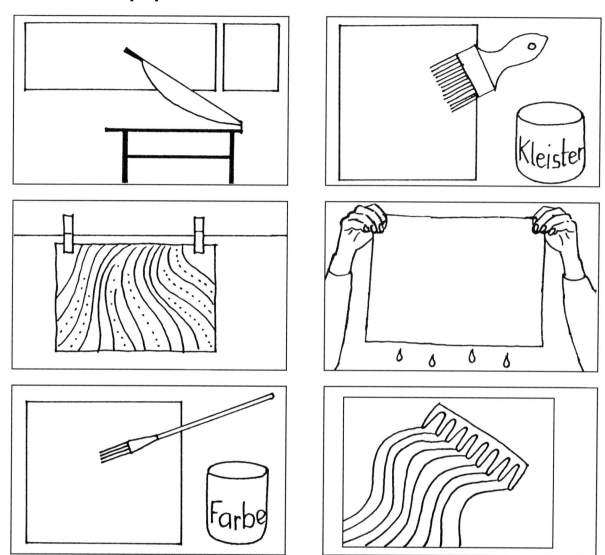

1.3 Kleisterpapier

Papier mit Kleister einstreichen.	Papier zuschneiden.
Papier mit Farbe einstreichen.	Muster mit verschiedenen Werkzeugen auftragen.
Farben verlaufen lassen.	Kleisterpapier trocknen lassen.
Pappe – Papier	Kleisterpapier

1.4 Ordner (Größe DIN A4)

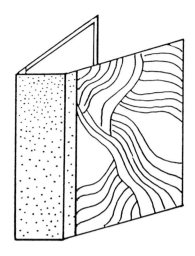

1.4.1 Material:

Pappe (2 mm stark), Kleisterpapier o. Ä., Buchbinderleinen, Elefantenhautpapier, Mechanik, Niederhalter, Hohlnieten (4 mm Ø)

1.4.2 Verbrauchsmaterial:

Buchbinderleim

1.4.3 Werkzeuge:

Papier- und Pappschneidemaschine, Locheisen (4 mm Ø), Hammer, Bördeleisen für die Hohlnieten, Papierschere, Lochschablone, Abstandsschablone (4 mm stark), werden vom Lehrer angefertigt, Pinsel oder Farbrolle, Stockpresse, Falzbein, Bleistift

1.4.4 Lernziele:

- Handhabung einer Schneidemaschine einüben
- Das Nieten erlernen und einüben

1.4.5 Arbeitsschritte:

1. Pappe zuschneiden: 2 Seitenteile (je 28 × 32 cm) und 1 Rückenteil (8 × 32 cm)
2. Buchbinderleinen auf 12 cm breite Streifen zuschneiden und ablängen auf 1 × 35 cm und 1 × 31,5 cm
3. Kleisterpapier zuschneiden: 29 × 35 cm
4. Elefantenhautpapier zuschneiden: 26,5 × 31 cm
5. Das längere Buchbinderleinen einleimen
6. Rückenteil in die Mitte legen
7. Seitenteile nacheinander mittels Abstandsschablone auf das Leinen aufkleben

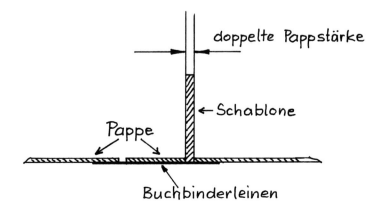

8 Zusammengeleimte Teile als Ganzes umdrehen, mit dem Falzbein den Zwischenraum zwischen den Pappeteilen durchdrücken und gleichzeitig die Seitenteile an das Rückenteil andrücken
9 Geleimte Teile wieder umdrehen und das Buchbinderleinen nach der Abbildung einschneiden

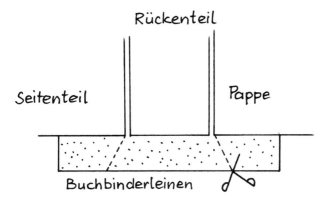

10 Die dadurch entstandenen kleineren Teile des Buchbinderleinens als Erstes auf die Innenseite der Pappeteile kleben und anschließend den größeren Restteil daraufkleben
11 Das kürzere Buchbinderleinen-Stück einleimen und auf die Innenseite des Rückenteils kleben
12 Das Ganze in der Stockpresse zusammenpressen (ca. 3–4 Stunden)
13 Zugeschnittenes Kleisterpapier einleimen und nacheinander auf die Außenseite der Seitenteile aufkleben, dabei 1 cm Abstand zum Rückenteil halten

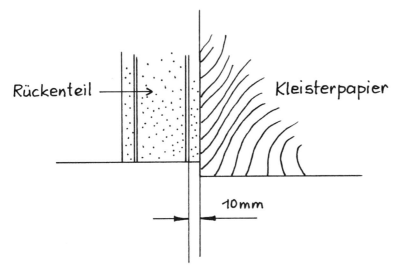

14 Die beiden Außenecken schräg abschneiden (Abstand zur Pappe-Ecke ca. 3 mm), danach zunächst die längere Seite nach innen einschlagen und andrücken, anschließend die beiden anderen
15 Elefantenhautpapier einkleistern und bündig mit dem Kleisterpapier auf die Innenseite aufkleben
16 Lochschablone nach Abbildung anlegen und Löcher anzeichnen

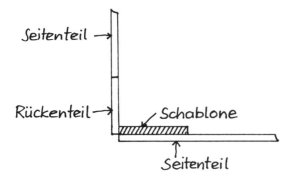

17 Angezeichnete Löcher mit dem Locheisen durchschlagen
18 Mechanik einnieten (mit dem Bördeleisen) und den Niederhalter einhängen

1.4.6 Hinweis:

Mechanik, Niederhalter und Hohlnieten sind im Papiergroßhandel erhältlich.

1.4 Ordner

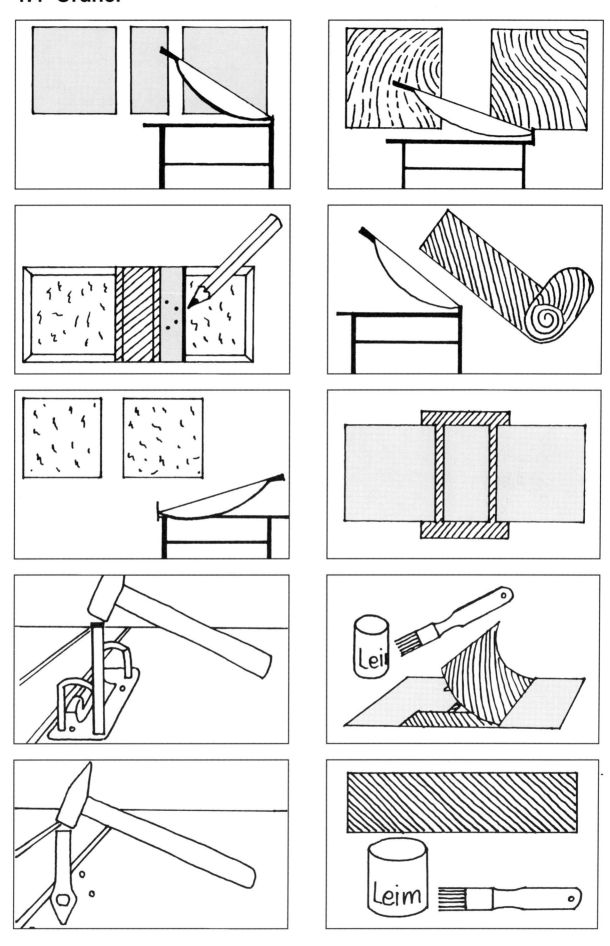
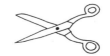

1.4 Ordner

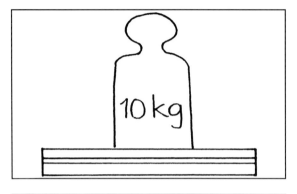
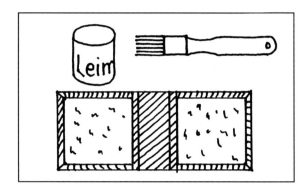
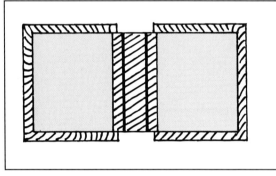
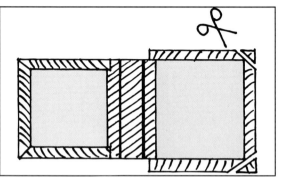
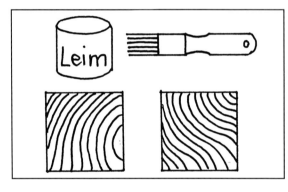
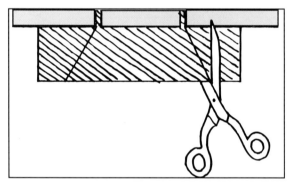
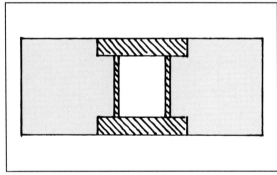
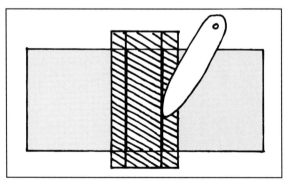
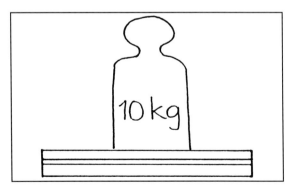
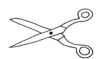

1.4 Ordner

Pappe zuschneiden.	Elefantenhautpapier zuschneiden.
Kleisterpapier zuschneiden.	Buchbinderleinen zuschneiden.
Das längere Buchbinderleinen einleimen.	Rückenteil und Seitenteile aufkleben.
Buchbinderleinen schräg einschneiden.	Eingeschnittenes Buchbinderleinen auf die Innenseite kleben.
Das kürzere Buchbinderleinen einleimen und auf die Innenseite kleben.	In der Stockpresse zusammenpressen.

| Pappe – Papier | Ordner |

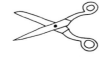

1.4 Ordner

Elefantenhaut-papier aufkleben.	Kleisterpapier aufkleben.
Außenecken abschneiden und Kleisterpapier andrücken.	Mechanik einnieten.
Löcher für die Nieten anzeichnen.	Löcher mit dem Locheisen durchschlagen.
Kleisterpapier einleimen.	In der Stockpresse zusammenpressen.
Den Zwischenraum mit dem Falzbein durchdrücken.	Pappe – Papier
	Ordner

1.5 Hampelmann

1.5.1 Material:

Weißer Karton (z. B. Plakatkarton), Bindfaden, größere Holz- oder Glasperle, Musterbeutelklammern

1.5.2 Verbrauchsmaterial:

Farben (z. B. Holz- oder Filzstifte, Dispersionsfarben, …)

1.5.3 Werkzeuge:

Pappschere, Locheisen (4 mm Ø), Hammer, Schablonen für den Rumpf und die Gliedmaßen, Bleistift

1.5.4 Lernziele:

– Formen mit Schablonen aufzeichnen
– Formen entlang einer Linie ausschneiden (Einüben der Auge-Hand-Koordination)

1.5.5 Arbeitsschritte:

1 Die verschiedenen Formen mittels Schablonen auf den Karton übertragen und die Löcher anzeichnen
2 Aufgezeichnete Formen mit der Pappschere ausschneiden
3 Aufgezeichnete Löcher mit dem Locheisen durchschlagen
4 Teile nach eigener Phantasie bemalen
5 Hampelmann mit den Musterbeutelklammern zusammenbauen
6 Bindfäden für den Bewegungsapparat befestigen
7 Aufhängung anbringen und Perle am Zug befestigen

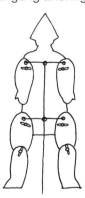

1.5.6 Hinweis:

Die Schablonen für die einzelnen Teile werden nach eigener Vorstellung in Form und Größe vom Lehrer vorgefertigt.

1.5 Hampelmann

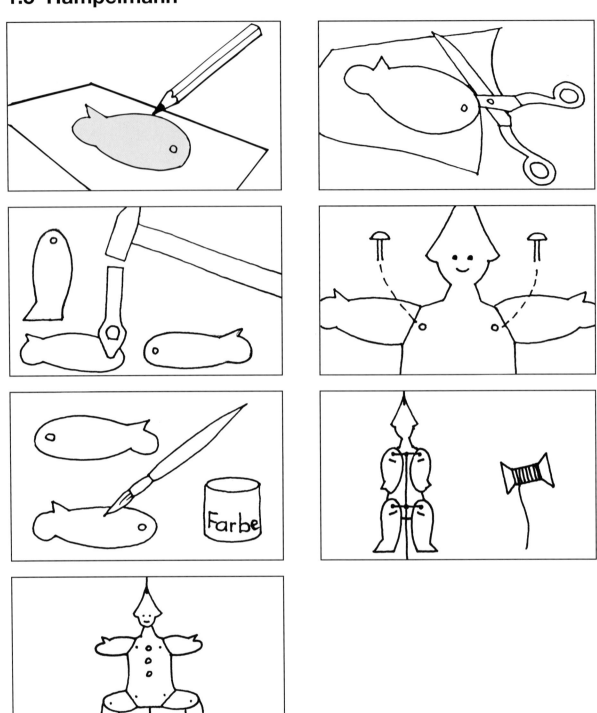
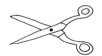

1.5 Hampelmann

Schablone auf den Karton übertragen.	Löcher mit dem Locheisen durchschlagen.
Formen mit der Pappschere ausschneiden.	Hampelmann zusammenbauen.
Hampelmann bemalen.	Aufhängung und Zugperle befestigen.
Fäden für die Bewegungen befestigen.	Hampelmann
	Pappe – Papier

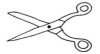

1.6 Fensterbilder (DIN A4)

1.6.1 Material:

Schwarzes Tonpapier (evtl. auch Fotokarton), Transparentpapier in verschiedenen Farben, grauer Karton

1.6.2 Verbrauchsmaterial:

Kleber

1.6.3 Werkzeuge:

Papierschneidemesser, Papierschere, Bleistift, Schablonen, Lineal

1.6.4 Lernziel:

– Handhabung des Papierschneidemessers einüben

1.6.5 Arbeitsschritte:

1 Entwurf für das Fensterbild vom Schüler auf einem DIN-A4-Karton anfertigen lassen
2 Entwurf mit dem Papierschneidemesser oder mit der Papierschere ausschneiden
3 Schüler-Entwurf oder Schablone auf das Tonpapier übertragen
4 Aufgezeichnete Formen mit dem Papierschneidemesser oder mit der Papierschere ausschneiden
5 Ausgeschnittene Formen mit dem Transparentpapier hinterkleben (ein- oder mehrfarbig)

1.6.6 Hinweis:

Lehrer sollte Schablonen und Modelle vorbereiten!

1.6 Fensterbilder

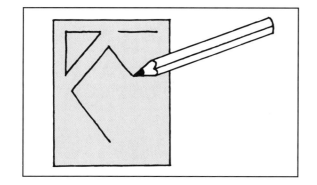
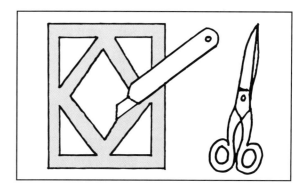
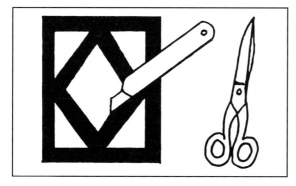

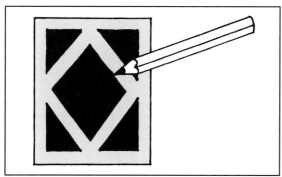

1.6 Fensterbilder

Fensterbild entwerfen.	Schablone auf das Tonpapier übertragen.
Entwurf ausschneiden.	Aufgezeichnete Formen ausschneiden.
Fensterbild mit Transparentpapier hinterkleben.	Pappe – Papier
	Fensterbild

1.7 Maske

1.7.1 Material:

Drahtgeflecht (Hasengitter – in Bau- und Hobbymärkten zu kaufen), Zeitungspapier, unbedrucktes Papier (z. B. Schreibmaschinenpapier), Bindedraht

1.7.2 Verbrauchsmaterial:

Dispersionsfarben, Tapetenkleister, Klarlack

1.7.3 Werkzeuge:

Blechschere, Pinsel, Flachzange, Lederhandschuhe (Arbeitshandschuhe)

1.7.4 Lernziel:

– Eine plastische oder halb plastische Form nach eigener Vorstellung gestalten

1.7.5 Arbeitsschritte:

1 Drahtgeflecht auf Größe mit der Blechschere zuschneiden
2 Mit den Händen das Drahtgeflecht zur Maskenform biegen
3 Mund- und Augenöffnungen mit der Blechschere ausschneiden
4 Überstehende Drahtenden mit der Flachzange nach innen biegen (Verletzungsgefahr!)
5 Nase formen und mit dem Bindedraht befestigen
6 Zeitungen in ca. handgroße Stücke zerreißen
7 Stücke in den Kleister tauchen und auf die Außen- und Innenseite der Maske flächendeckend in 3 bis 4 Schichten aufkleben und trocknen lassen
8 Beide Seiten flächendeckend mit dem unbedruckten Papier bekleben
9 Maske nach eigener Vorstellung mit Dispersionsfarbe anmalen und lackieren

1.7.6 Hinweis:

Lehrermodell erforderlich!

1.7 Maske

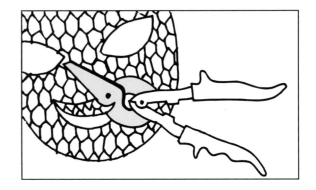
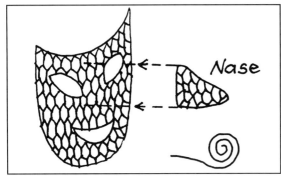

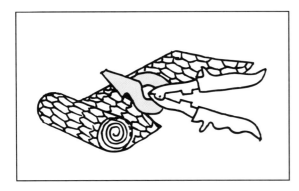

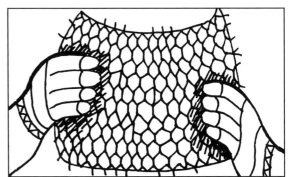
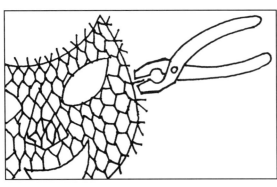

1.7 Maske

Drahtgeflecht zur Maske formen.	Mund- und Augenöffnungen mit der Blechschere ausschneiden.
Drahtgeflecht auf Maß zuschneiden.	Nase formen und befestigen.
Drahtenden nach innen biegen.	Maske mit Zeitungsstücken bekleben.
Zeitungen zerreißen.	Maske bemalen.
Maske mit unbedrucktem Papier bekleben.	Pappe – Papier
	Papiermaske

1.8 Papier herstellen (Papier „schöpfen")

1.8.1 Material:

Zeitungspapier

1.8.2 Werkzeuge:

Schüssel, größere Wanne, Pürierstab oder Mixgerät, Schöpfrahmen, Filztücher, Stockpresse oder Schraubzwingen, Bügeleisen, Holzplatten

1.8.3 Lernziel:

– Selber Papier herstellen können

1.8.4 Arbeitsschritte:

1. Papier sammeln
2. Papier in kleinste Stücke zerreißen
3. Papierstücke in Wasser einweichen und über Nacht stehen lassen
4. Mit dem Pürierstab oder einem Mixgerät die eingeweichte Masse pürieren
5. Masse in eine größere Wanne schütten, mit viel Wasser verdünnen und dabei gut umrühren
6. Schöpfsieb und Rahmen untertauchen
7. Rahmen hochziehen und das Wasser abtropfen lassen
8. Rahmen abheben
9. Sieb mit der Papiermasse auf das auf einer Holzplatte liegende Filztuch stürzen
10. Papiermasse mit neuem Filztuch abdecken
11. Mit einer weiteren Holzplatte abdecken und pressen
12. Gepresstes Papier trocknen lassen und glatt bügeln
13. Papierränder sauber zuschneiden

1.8 Papier herstellen

 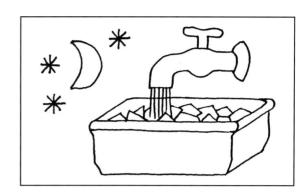
 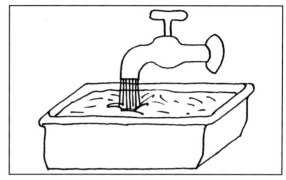
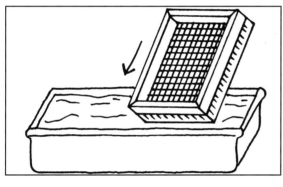 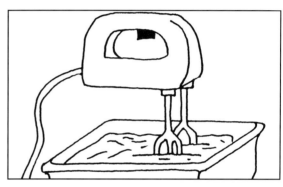
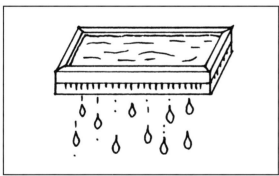 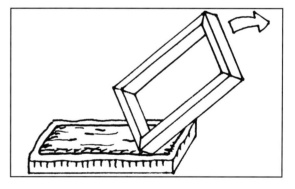

1.8 Papier herstellen

 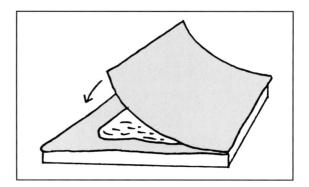

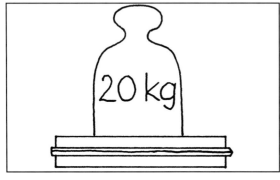 

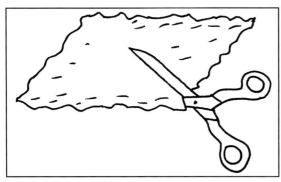

1.8 Papier herstellen

Zeitungspapier über Nacht einweichen.	Die eingeweichte Masse pürieren.
Zeitungspapier in kleine Stücke zerreißen.	Zeitungspapier sammeln.
Schöpfsieb untertauchen und hochziehen.	Wasser abtropfen lassen.
Masse mit Wasser verdünnen.	Papiermasse mit einem Filztuch abdecken.
Pappe – Papier	Papier herstellen.

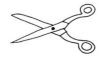

1.8 Papier herstellen

Rahmen abheben.	Papier trocknen lassen und glatt bügeln.
Mit einer Holzplatte abdecken und pressen.	Papiermasse auf ein Filztuch stürzen.
Papierränder zuschneiden.	Pappe – Papier
	Papier herstellen

2 Werkarbeiten aus dem Materialbereich Holz

2.1 Kerzenständer

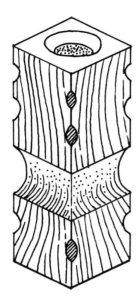

2.1.1 Material:

Fichten- oder Kiefernholz (als Meterware in Baumärkten zu kaufen). Möglich ist jede andere Holzart, jedoch teurer. Vierkantholz, 40 × 40 mm. Maße können verändert werden, ebenfalls die Form des Querschnitts.

2.1.2 Verbrauchsmaterial:

Schleifpapier (220er-Körnung), Klarlack, Teelicht

2.1.3 Werkzeuge:

Gehrungssäge, weil winkelgerecht abgesägt werden muss, Holzfeilen in verschiedener Form, Bohrmaschine, Forstnerbohrer im Durchmesser eines Teelichtes, Pinsel, Parallelreißer oder Streichmaß

2.1.4 Lernziele:

– Formen erkennen und frei gestalten
– Symmetrische Form gestalten
– Genaues Feilen nach aufgezeichneten Linien erlernen
– Auge-Hand-Koordination einüben
– Grundkenntnisse im Feilen erwerben

2.1.5 Arbeitsschritte:

1 Vierkantholz mit der Gehrungssäge auf Maß zusägen
2 Hilfslinien mit Parallelreißer oder Streichmaß anzeichnen
3 Fläche zwischen den Hilfslinien mit der Halbrundfeile ausfeilen
4 Mit verschiedenen Feilen Muster einfeilen
5 Oberfläche der gefeilten Flächen mit Schleifpapier glätten
6 Mit dem Forstnerbohrer Versenkung für Teelicht bohren
7 Werkstück lackieren

2.1 Kerzenständer

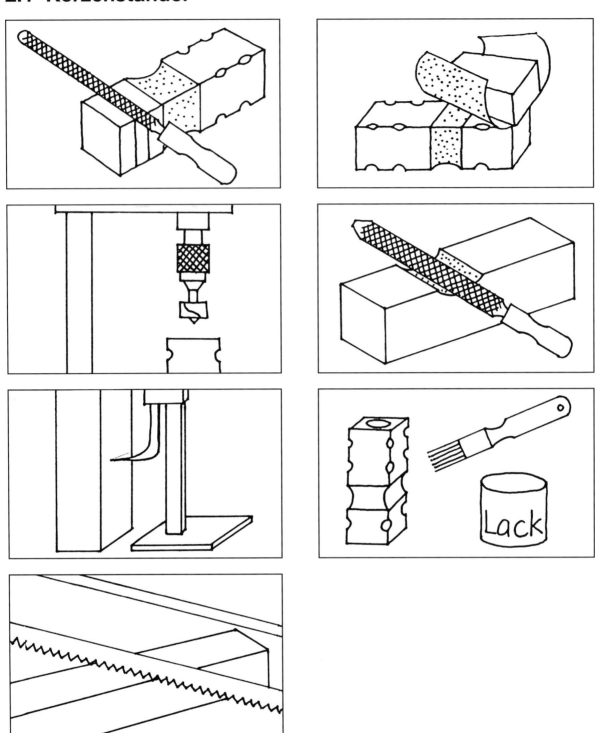

2.1 Kerzenständer

Flächen mit der Halbrundfeile ausfeilen.	Hilfslinien anzeichnen.
Vierkantholz auf Maß zusägen.	Kerzenständer mit dem Schleifpapier glätten.
Kerzenständer lackieren.	Muster einfeilen.
Bohrung für das Teelicht bohren.	Holz
	Kerzenständer

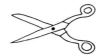

2.2 Blumenbrunnen

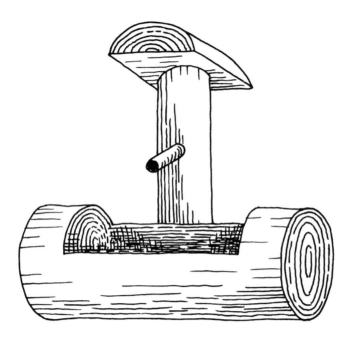

2.2.1 Material:

Fichten- oder Kiefernstämme, Äste in verschiedener Stärke (bei Forstämtern oder Waldbauern zu beziehen)

2.2.2 Verbrauchsmaterial:

Holzleim, Holzschrauben (8 mm Ø), Nägel, Beize, Schleifpapier

2.2.3 Werkzeuge:

Schälmesser, Spannbügelsäge, Fuchsschwanz, Feinsäge, Stemmeisen, Klüpfel, Raspel, Holzfeilen, Hammer, Schraubendreher, elektrische Handbohrmaschine, Bohrer (8 mm Ø und in der Größe des Brunnenauslaufs), Meterstab, Bleistift

2.2.4 Lernziele:

– Genaues Messen und Aufzeichnen einüben
– Handhabung der Spannbügelsäge und des Fuchsschwanzes erlernen und einüben
– Handhabung von Klüpfel und Stemmeisen erlernen und einüben

2.2.5 Arbeitsschritte:

1 Rinde vom Ast- und Stammholz schälen
2 Stamm für den Brunnentrog auf Länge anzeichnen
3 Brunnentrog mit der Spannbügelsäge oder mit dem Fuchsschwanz auf Maß absägen
4 Größe und Form der Aushöhlung am Brunnentrog anzeichnen
5 Aushöhlung am Brunnentrog mit Stemmeisen und Klüpfel ausstemmen
6 Kanten am Brunnentrog mit der Feile abrunden
7 Stamm für das senkrechte Brunnenteil auf Länge anzeichnen
8 Brunnenteil mit dem Fuchsschwanz oder der Spannbügelsäge auf Maß absägen
9 Schräge für das Dach anzeichnen (ca. 15°)
10 Schräge absägen
11 Astholz für den Brunnenauslauf auf Länge anzeichnen
12 Brunnenauslauf auf Maß absägen
13 Loch für den Brunnenauslauf bohren
14 Brunnenauslauf einleimen

15 Stamm für das Brunnendach auf Länge anzeichnen
16 Brunnendach mit dem Fuchsschwanz oder mit der Spannbügelsäge auf Maß absägen
17 Den abgesägten Stamm für das Brunnendach der Länge nach mit der Säge halbieren
18 Die Fläche einer Hälfte mit der Feile glätten
19 Brunnendach abrunden und die Verzierungen mit der Halbrundfeile einfeilen
20 Brunnendach auf das senkrechte Brunnenteil aufleimen und mit einem Nagel befestigen
21 Seitenwand des Troges mit einem 8-mm-Bohrer durchbohren
22 Brunnentrog mit einer 8-mm-Sechskantschraube am senkrechten Brunnenteil befestigen
23 Blumenbrunnen mit Schleifpapier glätten
24 Werkarbeit mit wasserlöslicher Beize einlassen

2.2.6 Hinweis:

Wird der Blumentrog bepflanzt, ist es ratsam, ihn mit Kunststoff-Folie auszuschlagen, um das Holz vor Nässe und Fäulnis zu schützen.

2.2 Blumenbrunnen

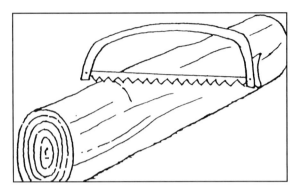
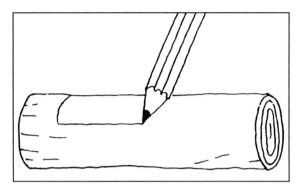
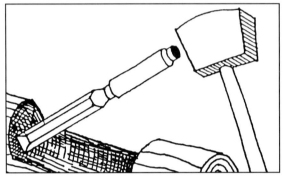

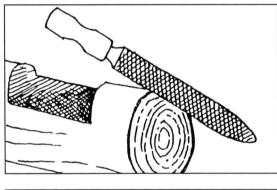
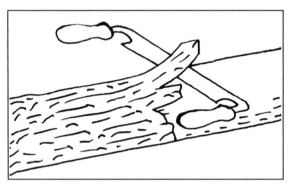
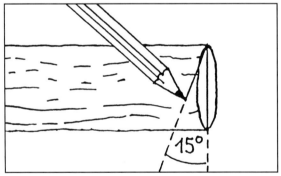
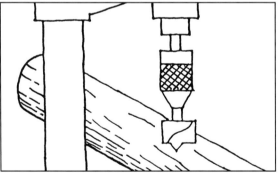

2.2 Blumenbrunnen

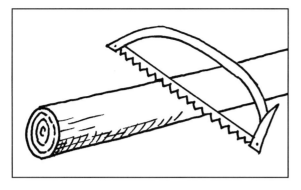
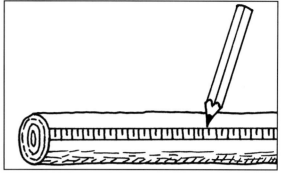

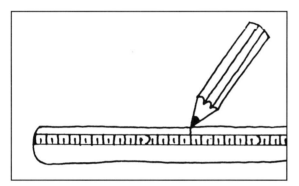
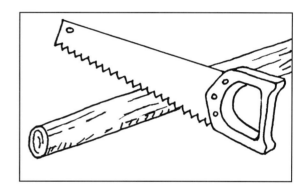
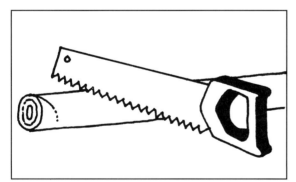
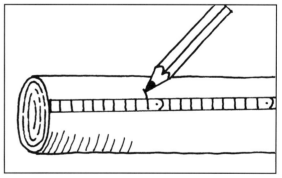

2.2 Blumenbrunnen

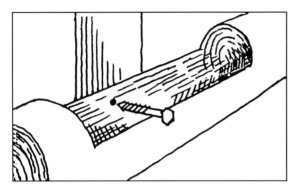

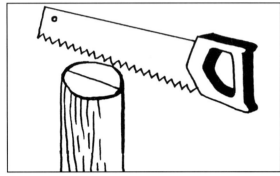
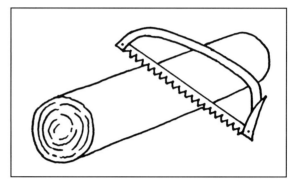

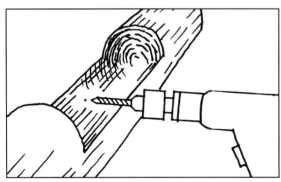
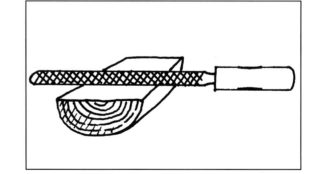

2.2 Blumenbrunnen

Brunnentrog auf Maß absägen.	Aushöhlung am Brunnentrog ausstemmen.
Rinde abschälen.	Senkrechtes Brunnenteil auf Maß absägen.
Aushöhlung am Brunnentrog anzeichnen.	Länge für den Brunnentrog anzeichnen.
Schräge absägen.	Kanten am Brunnentrog abrunden.
Holz	Blumenbrunnen

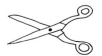

2.2 Blumenbrunnen

Schräge für das Dach anzeichnen.	Länge für das senkrechte Brunnenteil anzeichnen.
Länge für das Brunnendach anzeichnen.	Länge für den Brunnenauslauf anzeichnen.
Loch für den Brunnenauslauf bohren.	Brunnenauslauf absägen.
Stamm für das Brunnendach halbieren.	Brunnendach auf Maß absägen.
Holz	Blumenbrunnen

2.2 Blumenbrunnen

Brunnenauslauf einleimen.	Den Brunnentrog am senkrechten Brunnenteil befestigen.
Blumenbrunnen mit dem Schleifpapier glätten.	Brunnendach auf dem Brunnen befestigen.
Brunnendach mit der Feile glätten.	Verzierungen in das Brunnendach einfeilen.
Blumenbrunnen beizen.	Seitenwand des Troges mit einem 8-mm-Bohrer durchbohren.
Holz	Blumenbrunnen

2.3 Pferd

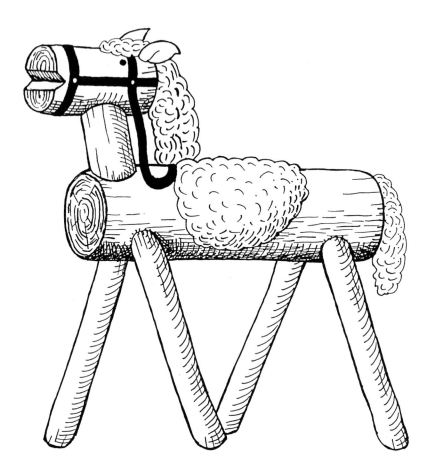

Diese Werkaufgabe ist im Wesentlichen mit dem Blumenbrunnen (Nummer 2.2) identisch. Zu beachten sind jedoch folgende Ergänzungen:

2.3.1 Material:

Leder- oder Kunstlederreste, Pelzreste

2.3.2 Verbrauchsmaterial:

Rundholz (13 mm Ø), Papp- oder Ziernägel

2.3.3 Werkzeuge:

Hohleisen (Hohlbeitel), Schere, Holzbohrer (14 mm Ø)

2.3.4 Lernziele:

Vgl. 2.2 Blumenbrunnen

2.3.5 Arbeitsschritte:

1. Rinde vom Ast- und Stammholz schälen
2. Stamm für den Rumpf auf Länge anzeichnen
3. Rumpf mit der Spannbügelsäge oder mit dem Fuchsschwanz auf Maß absägen
4. Kanten am Rumpf mit der Feile abrunden
5. Äste für die Beine auf Länge anzeichnen
6. Beine mit dem Fuchsschwanz auf Maß absägen

7 Löcher für die Beine am Rumpf anzeichnen
8 Löcher für die Beine mit Klüpfel und Hohleisen ausstemmen
9 Beine in die vorbereiteten Löcher einleimen
10 Die vier Beinenden auf Standsicherheit absägen
11 Ast oder Stamm für den Hals auf Länge anzeichnen
12 Hals mit dem Fuchsschwanz auf Maß absägen
13 Loch für den Hals am Rumpf anzeichnen
14 Loch mit Klüpfel und Hohleisen ausstemmen
15 Stamm für den Kopf auf Länge anzeichnen
16 Kopf mit dem Fuchsschwanz oder mit der Spannbügelsäge auf Maß absägen
17 Kanten am Kopf mit der Feile abrunden
18 Maul mit der Feile ausfeilen
19 Loch für den Hals am Kopf anzeichnen
20 Loch mit Klüpfel und Hohleisen ausstemmen
21 Kopf auf den Hals aufleimen
22 Kopf und Hals in den Rumpf einleimen
23 Löcher für die Ohren mit dem Holzbohrer (14 mm Ø) ca. 15 mm tief anbohren
24 Rundholz (13 mm Ø) je nach Bohrtiefe absägen
25 Form der Ohren, des Sattels und des Zaumzeugs auf die Lederreste aufzeichnen
26 Aufgezeichnete Teile mit der Schere ausschneiden
27 Die beiden Ohren in die Bohrungen einkleben und mit den abgesägten Rundhölzchen befestigen
28 Werkarbeit beizen
29 Pelzstück für die Kopf- und Nackenhaare zuschneiden
30 Kopf- und Nackenhaare aufkleben
31 Pelzstück für den Schwanz zuschneiden
32 Schwanz mit Nagel und Leim befestigen
33 Sattel aufkleben
34 Zaumzeug mit den Papp- oder Ziernägeln am Kopf befestigen

2.3.6 Hinweis

Die evtl. zu groß ausgestemmten Löcher an Rumpf und Kopf sowie Holzrisse werden mit einer Mischung aus Sägemehl und Holzleim verspachtelt. (Diese Werkaufgabe ist auch als Gruppenarbeit für schwerer geistig Behinderte geeignet.)

2.3 Pferd

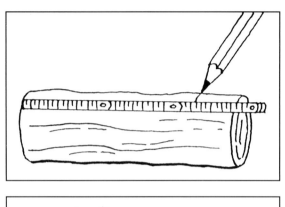
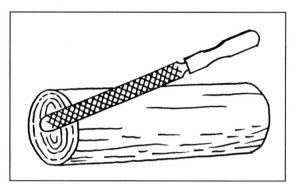
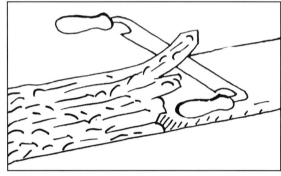
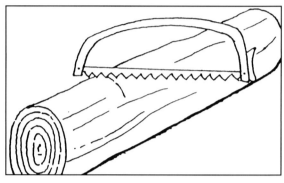
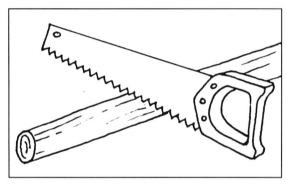
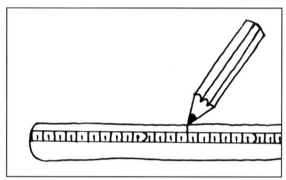
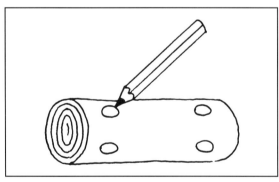
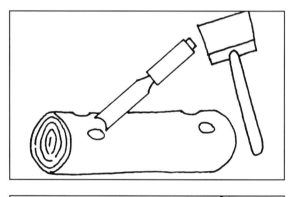

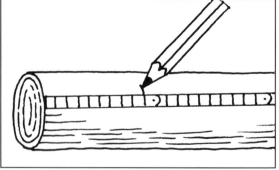

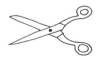

2.3 Pferd

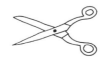

2.3 Pferd

2.3 Pferd

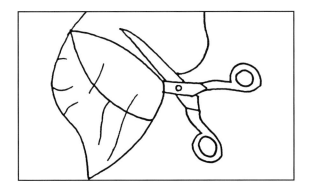

2.3 Pferd

Rundholz für die Ohren absägen.	Lederteile ausschneiden.
Ohren in die Bohrungen einkleben.	Pferd beizen.
Schwanz am Pferd befestigen.	Sattel aufleimen.
Pelzstücke für Kopf- und Nackenhaare zuschneiden.	Schwanz aus einem Pelzstück zuschneiden.
Kanten am Kopf abrunden.	Maul ausfeilen.
Holz	Pferd

2.3 Pferd

Loch für den Hals am Kopf anzeichnen.	Ohren, Sattel und Zaumzeug aufzeichnen.
Hals in den Kopf einleimen.	Löcher für die Ohren bohren.
Hals und Kopf in den Rumpf einleimen.	Loch für den Hals am Kopf ausstemmen.
Beine auf Maß absägen.	Hals auf Maß absägen.
Löcher für die Beine am Rumpf anzeichnen.	Beine einleimen.
Holz	Pferd

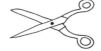

2.3 Pferd

Kopf auf Maß absägen.	Länge für den Kopf anzeichnen.
Beine auf Standsicherheit absägen.	Löcher für die Beine ausstemmen.
Loch für den Hals am Rumpf anzeichnen.	Rinde abschälen.
Kanten am Rumpf abrunden.	Länge für den Rumpf anzeichnen.
Rumpf auf Maß absägen.	Loch für den Hals am Rumpf ausstemmen.
Holz	Pferd

2.3 Pferd

Länge für den Hals anzeichnen.	Länge für die Beine anzeichnen.
Pelzstücke aufkleben.	Zaumzeug mit Papp- oder Ziernägeln befestigen.
Holz	Pferd

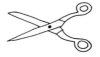

2.4 Tierplastik

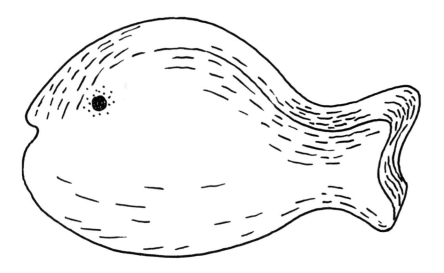

2.4.1 Material:

Weichholz (Fichte/Kiefer) oder Hartholz (Buche/Eiche), evtl. Abfälle von einer Schreinerei/Tischlerei, mindestens 30 mm stark, Karton für die Schablone

2.4.2 Verbrauchsmaterial:

Schleifpapier (Körnung: 280), Klarlack, Beize, Wachs

2.4.3 Werkzeuge:

Elektrische Stichsäge, Fuchsschwanz, Spannbügelsäge, Raspel, Feile, Pinsel, Schleifklotz (Schleifblock), Pappschere, Bleistift

2.4.4 Lernziele:

– Handhabung der elektrischen Stichsäge einüben
– Handhabung von Spannbügelsäge und Fuchsschwanz einüben
– Arbeitshaltung beim Feilen erlernen
– Technik beim Schleifen einüben

2.4.5 Arbeitsschritte:

1 Schablone auf Karton entwerfen
2 Schablone mit der Pappschere ausschneiden
3 Form der Schablone auf den Holzrohling übertragen
4 Form aussägen (mit Fuchsschwanz, Spannbügelsäge oder elektrischer Stichsäge)
5 Kanten der ausgesägten Form mit der Schruppfeile abrunden
6 Form mit der Kabinettfeile glätten
7 Form mit Schleifpapier feinstschleifen
8 Form mit Beize oder Wachs behandeln

2.4 Tierplastik

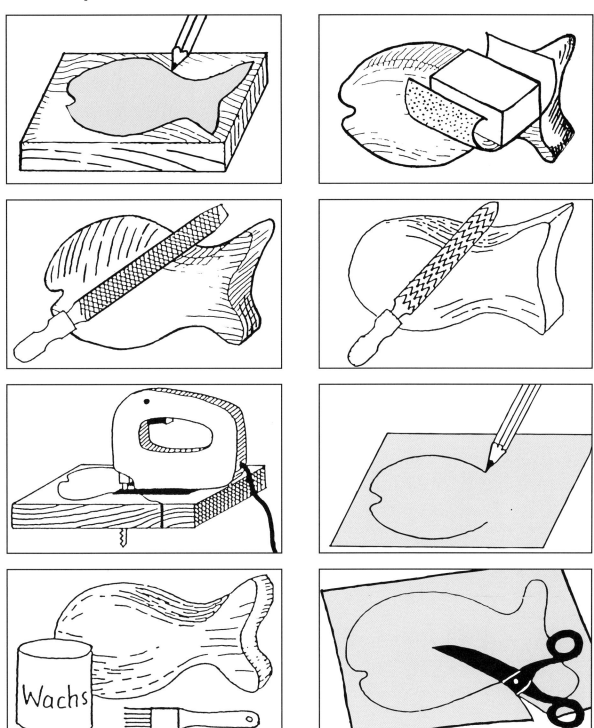

2.4 Tierplastik

Form aussägen.	Schablone entwerfen.
Tierform mit der Feile glätten.	Kanten der Form abrunden.
Schablone ausschneiden.	Schablone auf das Holz übertragen.
Tierform beizen oder wachsen.	Tierform mit dem Schleifpapier glätten.
Holz	Tierplastik

2.5 Puzzle

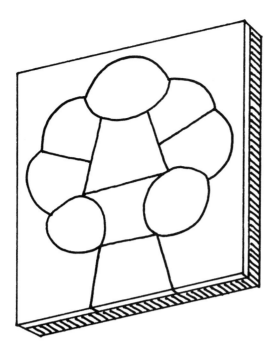

2.5.1 Material:

Spanplatte (ca. 10 mm stark) als Grundplatte (ca. 20 × 12 cm), Sperrholzplatte (ca. 4 bis 6 mm stark) in der gleichen Größe, Karton in der gleichen Größe

2.5.2 Verbrauchsmaterial:

Laubsägeblätter, Farbe, Beize, Lack, Schleifpapier (Körnung: 220)

2.5.3 Werkzeuge:

Laubsäge, Feile, Laubsägebrett, Pappschere

2.5.4 Lernziel:

– Handhabung der Laubsäge einüben

2.5.5 Arbeitsschritte:

1 Form der Schablone auf dem Karton entwerfen
2 Schablone mit der Pappschere ausschneiden
3 Schablone auf das Sperrholz übertragen
4 Form mit der Laubsäge aussägen
5 Ausgesägte Form in ca. acht bis zehn Teile einteilen
6 Teile mit der Laubsäge aussägen
7 Teile mit dem Schleifpapier glätten
8 Grundplatte mit dem übrig gebliebenen Sperrholzrahmen verleimen
9 Puzzleteile bemalen
10 Puzzleteile und Grundplatte lackieren

2.5.6 Hinweis:

Es ist ratsam, einfache, gerade und runde Formen zu wählen. Die Grundplatte und die Sperrholzplatte werden vom Lehrer vorbereitet.

2.5 Puzzle

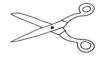

2.5 Puzzle

Schablone auf das Sperrholz übertragen.	Form in 8 bis 10 Teile einteilen.
Schablone entwerfen.	Puzzleteile aussägen.
Puzzleteile mit dem Schleifpapier glätten.	Schablone ausschneiden.
Rahmen und Puzzleteile lackieren.	Grundplatte und Rahmen verleimen.
Form aussägen.	Puzzleteile bemalen.
Holz	Puzzle

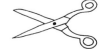

2.6 Briefhalter

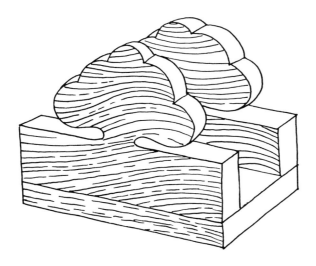

2.6.1 Material:

Weichholz (Fichte oder Kiefer), ca. 15 mm stark (in Baumärkten oder Schreinereien), Karton für die Schablone

2.6.2 Verbrauchsmaterial:

Schleifpapier (Körnung: 220), Holzdübel (6 mm Ø), Holzleim, Klarlack, Beize

2.6.3 Werkzeuge:

Bleistift, Schere, Fuchsschwanz, Feinsäge, Laubsäge oder Dekupiersäge, elektrische Handbohrmaschine mit Tischständer oder Ständerbohrmaschine, Feile, Bohrer (6 mm Ø), Dübelmaster (6 mm Ø)

2.6.4 Lernziel:

– Die Handhabung der Laub- oder Dekupiersäge einüben

2.6.5 Arbeitsschritte:

1. Form der Schablone auf Karton entwerfen
2. Schablone mit der Pappschere ausschneiden
3. Seitenteile und Grundplatte mit Fuchsschwanz oder Feinsäge auf Länge absägen (oder Lehrer bereitet die Teile vor)
4. Form auf die beiden Seitenteile übertragen
5. Aufgezeichnete Formen mit Laub- oder Dekupiersäge aussägen
6. Ausgesägte Formen mit der Feile säubern
7. Formen mit Schleifpapier glätten
8. Brettstärke der Seitenteile auf der Grundplatte anzeichnen
9. Bohrstellen anzeichnen (Mitte der Brettstärke, Abstand von der Außenkante 3 cm, pro Seitenteil zweimal)
10. Angezeichnete Löcher bohren (10 mm tief)
11. Dübelmaster in die gebohrten Löcher einsetzen
12. Seitenteile bündig aufsetzen und andrücken
13. Löcher an den abgedrückten Körnungen bohren (ca. 2 cm tief)
14. Dübel in die 4 Löcher der Grundplatte einleimen
15. Seitenteile mit Grundplatte verleimen
16. Briefhalter zusammenpressen
17. Werkstück lackieren oder beizen

2.6 Briefhalter

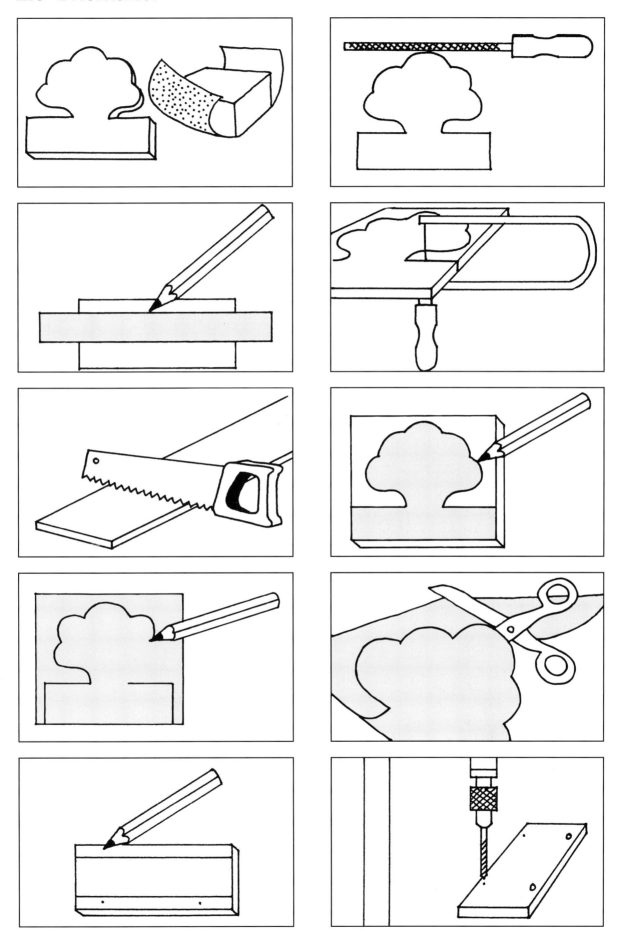
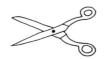

2.6 Briefhalter

2.6 Briefhalter

2 Seitenteile und die Grundplatte absägen.	Schablone ausschneiden.
Formen aussägen.	Schablone entwerfen.
Formen mit der Feile säubern.	Schablone auf die Seitenteile übertragen.
Grundplattenlöcher bohren.	Seitenteile Bohrungen anzeichnen.
Seitenteile auf der Grundplatte anzeichnen.	Bohrungen auf der Grundplatte anzeichnen.
Holz	Briefhalter

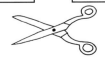

2.6 Briefhalter

Seitenteillöcher bohren.	Dübelmaster in die Löcher einsetzen.
Seitenteile mit der Grundplatte verleimen.	Dübel in die Grundplatte einleimen.
Formen mit dem Schleifpapier glätten.	Briefhalter lackieren oder beizen.
Briefhalter zusammenpressen.	
Holz	Briefhalter

2.7 Starenkasten

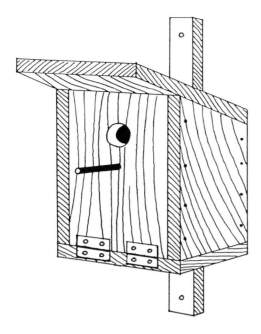

2.7.1 Material:

Fichten- oder Kiefernbretter (18 mm stark, 200 mm breit), Latte (35 oder 45 mm breit, 18 mm stark), Rundholz (8 mm Ø), Scharniere (40 mm lang, 15 mm breit), Dachpappe

2.7.2 Verbrauchsmaterial:

Holzleim, Beize, Nägel für Dachpappe, Holzschrauben (4 × 30 und 4 × 20)

2.7.3 Werkzeuge:

Fuchsschwanz oder elektrische Stichsäge, elektrische Handbohrmaschine mit Tischbohrständer, Bleistift und Meterstab, Schraubendreher, Bohrer (4 mm und 8 mm Ø), Lochsäge

2.7.4 Lernziele:

- Handhabung der elektrischen Stichsäge einüben
- Handhabung des Schraubendrehers einüben

2.7.5 Arbeitsschritte:

1. Grundplatte (200 × 200 mm) zusägen
2. Dach (200 × 300 mm) zusägen
3. Rückwand (160 × 250 mm) zusägen
4. Vorderwand (160 × 280 mm) zusägen
5. Seitenteile nach Zeichnung zusägen
6. Flugloch mit der Lochsäge (45 mm Ø) nach der Skizze bohren
7. Rundholz (8 mm Ø) auf 100 mm absägen

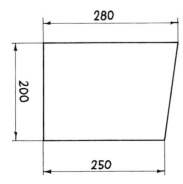

8 Loch für die Sitzstange (8 mm Ø) nach der Skizze bohren

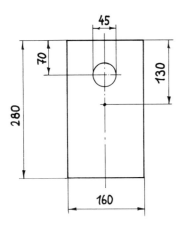

9 Sitzstange einleimen
10 Löcher für den Zusammenbau an den Seitenteilen anzeichnen
11 Löcher (4 mm Ø) an den Seitenteilen nach der Skizze bohren (Maße in mm)
12 Seitenteile mit der Vorderwand und der Rückwand verschrauben
13 Löcher am Dachteil anzeichnen

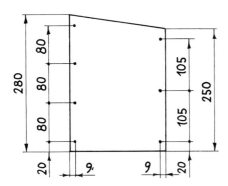

14 Löcher (4 mm Ø) am Dachteil bohren
15 Dachteil festschrauben
16 Dach auf dem zusammengeschraubten Kasten mit der Feile anpassen
17 Scharniere am Bodenteil anschrauben
18 Loch für die Verschlussschraube am Bodenteil anzeichnen
19 Loch (4 mm Ø) bohren
20 Bodenteil mit den Scharnieren an der Vorderseite befestigen

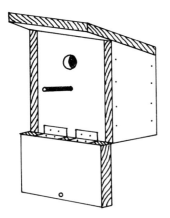

21 Bodenplatte festschrauben
22 Starenkasten beizen
23 Dachpappe (240 × 340 mm) zuschneiden
24 Dachpappe mit den Dachpappenägeln befestigen

2.7 Starenkasten

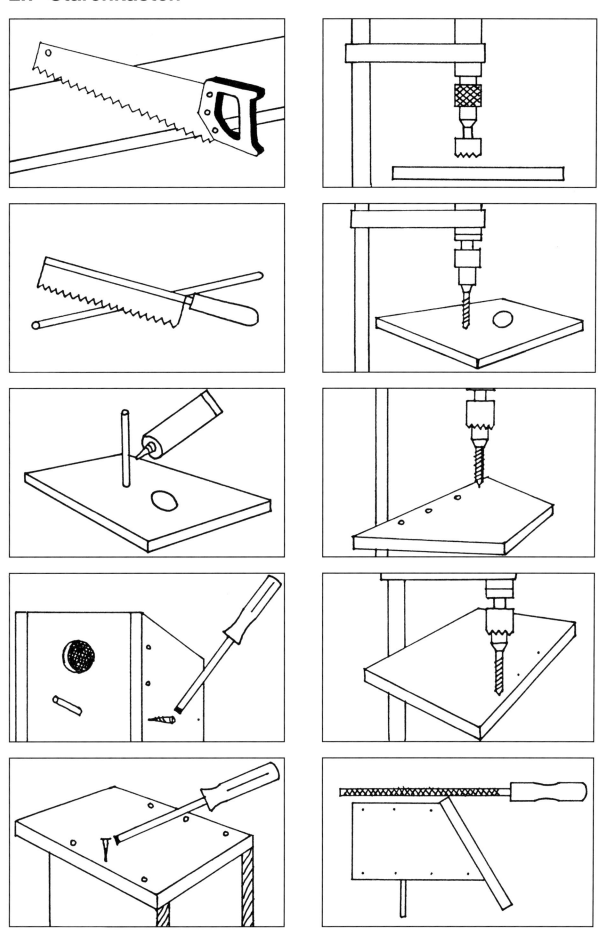
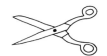

2.7 Starenkasten

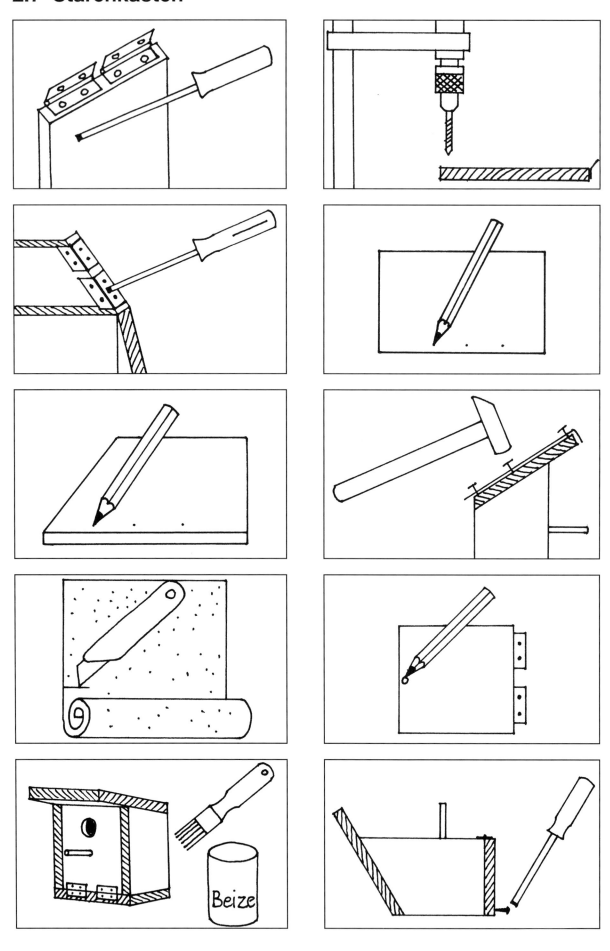
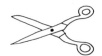

2.7 Starenkasten

Dach mit der Feile anpassen.	Löcher für das Dach anzeichnen.
Dach festschrauben.	Scharniere am Boden anschrauben.
Loch für die Verschlussschraube am Boden anzeichnen.	Löcher für das Dach bohren.
Boden an der Vorderseite befestigen.	Loch am Boden bohren.
Dach, Rückwand, Grundplatte, Vorderwand und 2 Seitenteile zusägen.	Rundholz auf Maß absägen.
Holz	Starenkasten

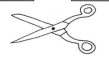

2.7 Starenkasten

Flugloch bohren.	Loch für Sitzstange bohren.
Sitzstange einleimen.	Löcher an den Seitenteilen anzeichnen.
Seitenteile mit der Vorder- und Rückwand verschrauben.	Löcher an den Seitenteilen bohren.
Bodenplatte festschrauben.	Dachpappe auf Maß zuschneiden.
Starenkasten beizen.	Dachpappe mit Dachpappenägel befestigen.
Holz	Starenkasten

3 Werkarbeiten aus dem Materialbereich Metall

3.1 Brieföffner

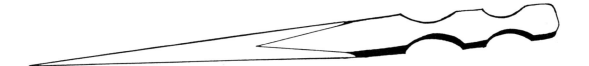

3.1.1 Material:

Flachmaterial (Stahl, Kupfer oder Messing), 250 mm lang, 15–20 mm breit, 3–4 mm stark (im Eisenhandel oder evtl. in Baumärkten erhältlich), Pappe für Schablone

3.1.2 Verbrauchsmaterial:

Schleifpapier (Körnung: 240), Zaponlack

3.1.3 Werkzeuge:

Bleistift, Pappschere, Metall-Handbügelsäge, Filzstift oder Reißnadel, Metallfeilen in verschiedenen Formen, Schleifklotz, Pinsel

3.1.4 Lernziel:

– Die Handhabung verschiedener Feilen einüben

3.1.5 Arbeitsschritte:

1 Schablonenform auf die Pappe aufzeichnen
2 Aufgezeichnete Form mit der Pappschere ausschneiden
3 Flachmaterial auf Länge anzeichnen
4 Flachmaterial auf Maß absägen
5 Schablone mittels Reißnadel oder Filzstift auf das Flachmaterial übertragen
6 Verzierungen am Handgriff ausfeilen
7 Spitze des Brieföffners zufeilen
8 Brieföffner-Schneide nach der Skizze zufeilen

9 Mit Schleifpapier und Schleifklotz den Brieföffner polieren
10 Werkstück lackieren

3.1.6 Hinweis:

Nach dem Polieren sollte das Werkstück nicht mehr mit bloßen Händen angefasst werden (Werkstück oxydiert!).

3.1 Brieföffner

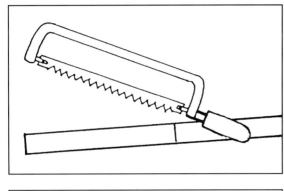
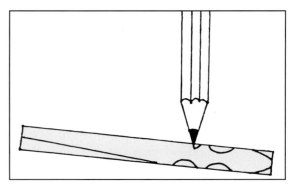
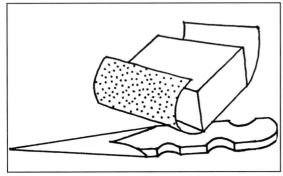
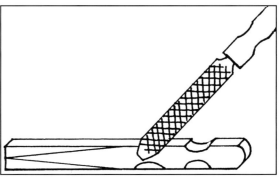

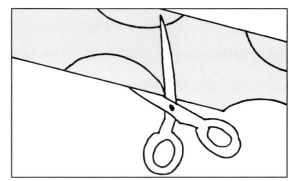
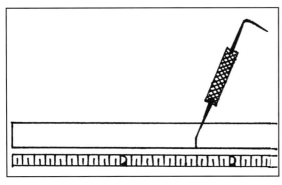
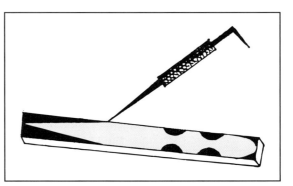
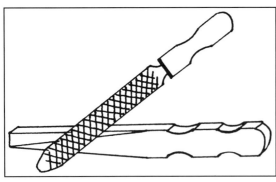

3.1 Brieföffner

Schablone auf das Flachmaterial übertragen.	Spitze und Schneide zufeilen.
Schablone aufzeichnen.	Schablone ausschneiden.
Flachmaterial auf Länge anzeichnen.	Flachmaterial absägen.
Verzierungen ausfeilen.	Brieföffner lackieren.
Brieföffner mit dem Schleifpapier polieren.	Metall
	Brieföffner

3.2 Armreif

3.2.1 Material:

Flachmaterial (10 mm breit, 2 mm stark, Kupfer, Aluminium)

3.2.2 Verbrauchsmaterial:

Schleifpapier (Körnung: 240), Zaponlack

3.2.3 Werkzeuge:

Metall-Handbügelsäge, Schlichtfeile, Punziereisen in verschiedenen Formen, Schlosserhammer, Schlagbuchstaben, Schneidermaßband, Rundholz, Pinsel, Gummihammer

3.2.4 Lernziele:

– Das Rundfeilen einüben
– Das Punzieren einüben

3.2.5 Arbeitsschritte:

1. Die Handgelenke der Schüler abmessen
2. Maß auf das Flachmaterial übertragen
3. Das Flachmaterial an der angezeichneten Stelle absägen
4. Die Enden mit der Schlichtfeile abrunden
5. Mit dem Punziereisen Muster einschlagen
6. Mit den Schlagbuchstaben den Namen des Schülers oder der Schülerin einschlagen
7. Werkstück mit dem Schleifpapier polieren
8. Das so bearbeitete Flachmaterial mit dem Gummihammer über das Rundholz klopfen
9. Armreif nachpolieren
10. Armreif lackieren

3.2.6 Hinweis:

Die Enden des Flachmaterials könnten auch mit der Schruppfeile abgerundet werden. Dies ist jedoch wegen der fehlenden Erfahrung der Schüler nicht ratsam, da bei jeder notwendigen Korrektur das Material zu kurz wird.
Beim Rundbiegen des Armreifs ist die Hilfestellung der Lehrkraft unbedingt erforderlich.

3.2 Armreif

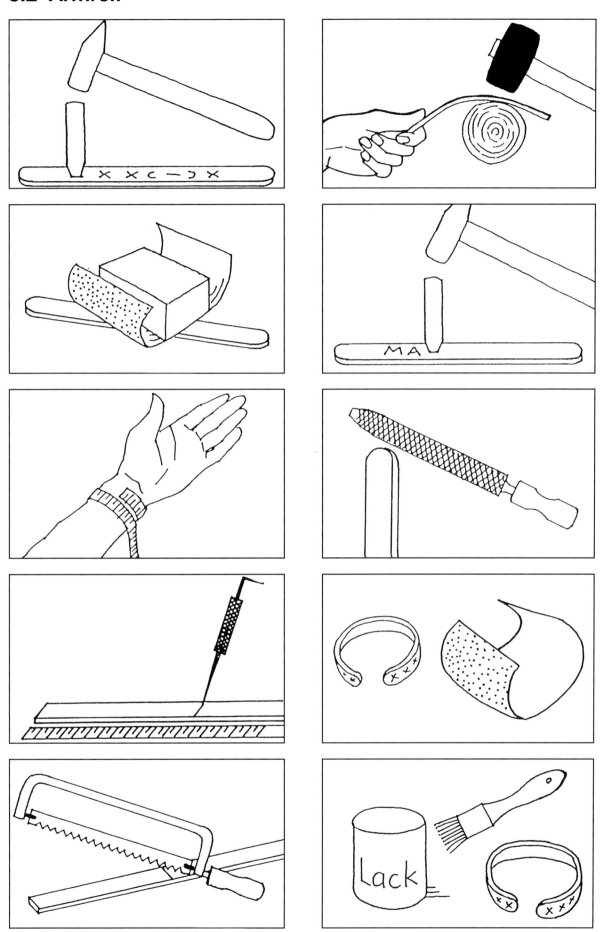

3.2 Armreif

Mit den Schlagbuchstaben den Namen einschlagen.	Die Armreifenden abrunden.
Armreif mit dem Schleifpapier polieren.	Handgelenke abmessen.
Flachmaterial absägen.	Armreif nachpolieren.
Maß auf das Flachmaterial übertragen.	Mit dem Punziereisen Muster einschlagen.
Armreif lackieren.	Flachmaterial über ein Rundholz klopfen.
Metall	Armreif

3.3 Reißnagelzieher

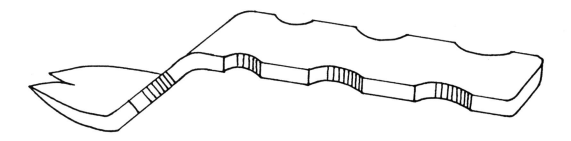

3.3.1 Material:

Flachmaterial (Stahl, 20 mm breit, 150 mm lang, 2 mm stark), Karton (für Schablone)

3.3.2 Verbrauchsmaterial:

Zaponlack, Schleifpapier (Körnung: 240), Filzstift

3.3.3 Werkzeuge:

Metall-Handbügelsäge, Feilen in verschiedenen Formen, Schlosserhammer, Locheisen, Pappschere, Reißnadel

3.3.4 Lernziel:

- Das Feilen nach aufgezeichneten Formen einüben

3.3.5 Arbeitsschritte:

1. Auf einem vorgefertigten Kartonstreifen die Form des Reißnagelziehers entwerfen
2. Aufgezeichnete Formen ausschneiden
3. Kleine Rundungen mit dem Locheisen ausstanzen
4. Flachmaterial auf Länge anzeichnen
5. Flachmaterial mit der Metall-Handbügelsäge auf Maß absägen
6. Die Schablone mit einem Filzstift oder einer Reißnadel auf das Flachmaterial übertragen
7. Die verschiedenen Formen mit den entsprechenden Feilen ausfeilen
8. Das Werkstück polieren
9. Das Werkstück nach der Skizze biegen

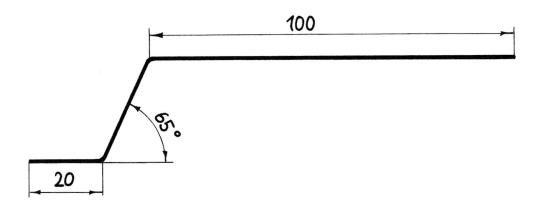

10. Den Reißnagelzieher nachpolieren
11. Das Werkstück lackieren

3.3 Reißnagelzieher

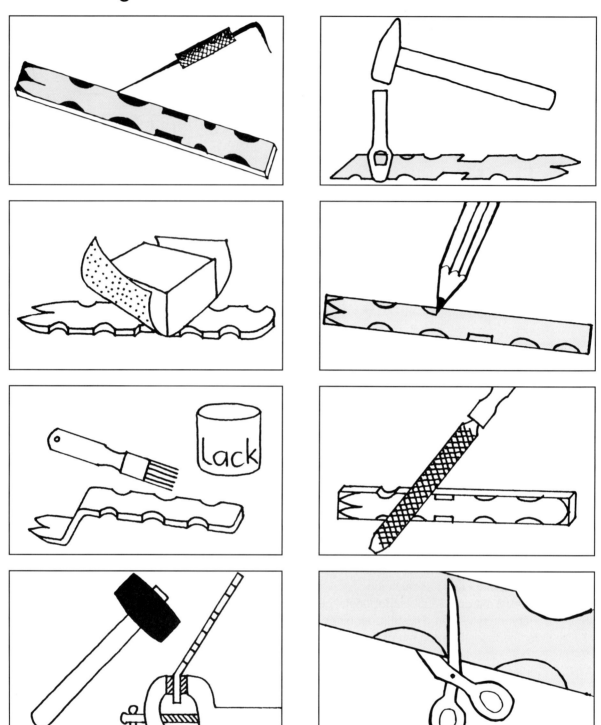
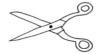

3.3 Reißnagelzieher

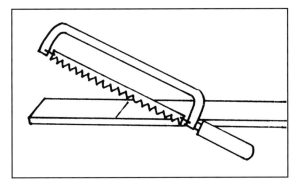
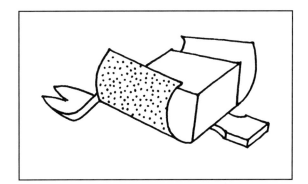
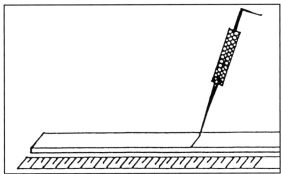
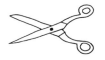

3.3 Reißnagelzieher

Schablone ausschneiden.	Schablone auf das Flachmaterial übertragen.
Rundungen mit dem Locheisen ausstanzen.	Schablone entwerfen.
Flachmaterial auf Maß absägen.	Reißnagelzieher biegen.
Reißnagelzieher lackieren.	Reißnagelzieher nachpolieren.
Metall	Reißnagelzieher

3.3 Reißnagelzieher

| Flachmaterial auf Länge anzeichnen. | Reißnagelzieher polieren. |

| Die verschiedenen Formen ausfeilen. | Metall |
| | Reißnagelzieher |

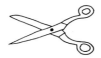

3.4 Kerzenständer

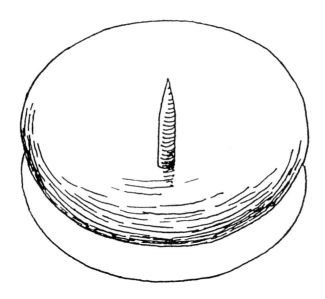

3.4.1 Material:

2 Kupferbleche (120 ×120 mm), Kupfer-Rundmaterial (6 mm Ø, 35 mm lang)

3.4.2 Verbrauchsmaterial:

Lötzinn, Lötfett, Zaponlack, Schleifpapier (220er-Körnung)

3.4.3 Werkzeuge:

Stahllineal, Reißnadel, Körner, Schlosserhammer, Anreißzirkel, Blechschere, Kugelhammer, Knietreibklotz, elektrische Handbohrmaschine, Tischständer, Tischhalterung für die Bohrmaschine, Bohrer (5 mm Ø), Maßstab, Metallhandbügelsäge, Schlicht- und Schruppfeile, Lötkolben, Pinsel

3.4.4 Lernziele:

– Das Treiben einer Metallschale erlernen
– Das Schneiden mit der Blechschere einüben

3.4.5 Arbeitsschritte:

1. Mit der Reißnadel und dem Stahllineal die Mitte auf dem Kupferblech anreißen
2. Angezeichnete Mitte mit Körner und Schlosserhammer ankörnen
3. Mit dem Anreißzirkel in 10-mm-Abständen Kreise anreißen
4. Mit der Blechschere den äußersten Kreis ausschneiden
5. Die Kupferblechscheibe mit dem Kugelhammer entlang den aufgezeichneten Ringen von innen nach außen auf dem Knietreibklotz zu einer Schale treiben
6. In der angezeichneten Mitte der Schale ein 5-mm-Loch bohren (Körner benützen)
7. Die Außenkante der Schale mit der Schlichtfeile glatt feilen
8. Das Rundmaterial (6 mm Ø) mittels der in der Tischhalterung laufenden Bohrmaschine mit der Schrupp- und Schlichtfeile zuspitzen
9. Den so entstandenen Dorn mit der Metallbügelsäge auf 35 mm Länge absägen
10. Die stumpfe Seite des Dorns auf 5 mm Länge auf einen Durchmesser von 5 mm in der Bohrmaschine zufeilen
11. Die beiden gegeneinander gewölbten Schalen mit dem Dorn auf dessen Unterseite verlöten
12. Kerzenständer mit dem Schleifpapier polieren
13. Kerzenständer lackieren

3.4 Kerzenständer

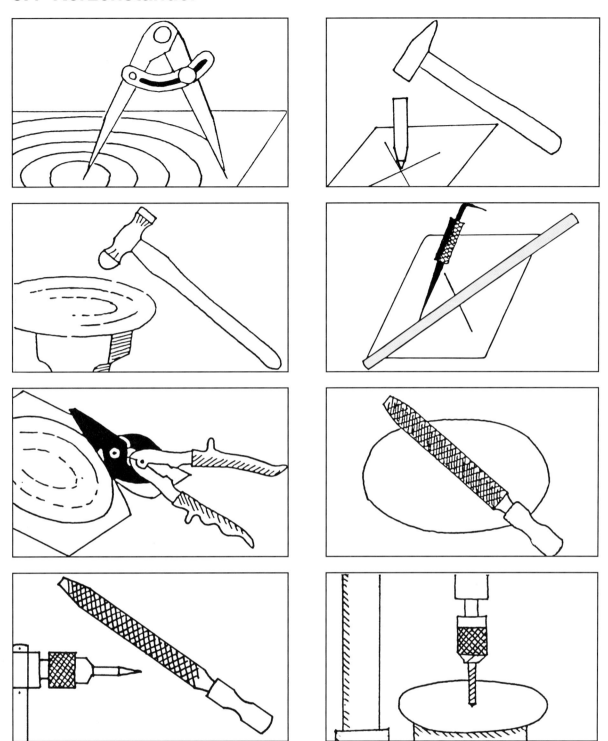
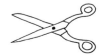

3.4 Kerzenständer

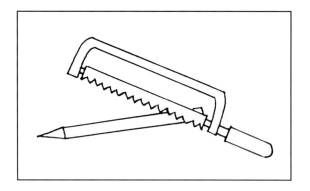
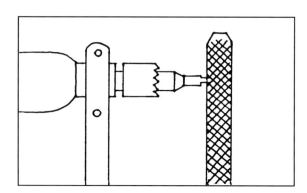
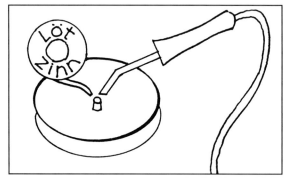
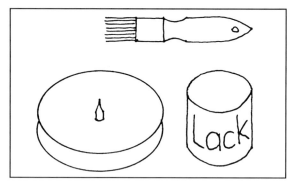
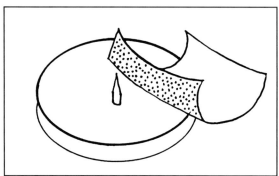

3.4 Kerzenständer

In der Mitte ein 5-mm-Loch bohren.	Die Mitte mit einem Körner ankörnen.
Die Kupferblechscheibe zu einer Schale treiben.	Die Außenkanten glatt feilen.
Den fertigen Dorn auf 35 mm Länge absägen.	Mit der Reißnadel die Mitte anreißen.
Den äußersten Kreis ausschneiden.	Mit dem Anreißzirkel Kreise anreißen.
Metall	Kerzenständer

3.4 Kerzenständer

Dorn zuspitzen.	Kerzenständer lackieren.
Dornschaft auf 5 mm Länge und 5 mm Ø zufeilen.	Kerzenständer mit dem Schleifpapier polieren.
Die beiden Schalen mit dem Dorn verlöten.	Metall
	Kerzenständer

3.5 Relief aus Zinn

3.5.1 Material:

Zinn (Lötzinn in Stangenform, im Fachhandel für Metall-Werkzeuge erhältlich), Stuckgips oder Moltofill, Holzbrettchen (vom Lehrer vorgefertigt), Holzleisten (5 × 15 × 100 mm), Aufhänger

3.5.2 Verbrauchsmaterial:

Zaponlack, Klebstoff (z. B. „Pattex"), Nägel, Spiritus, Streichhölzer

3.5.3 Werkzeuge:

Bleistift, Schneidefedern in allen Formen (Linolschnittfedern), sonstiges Kratz- und Schneidewerkzeug, Spiritusbrenner (Fondue-Brenner), Schmelzpfanne mit Stiel und Halterung (in Spielzeugläden erhältlich), Metallsäge, Metallfeile (Schlichtfeile), Pinsel, Arbeitshandschuhe aus Leder, Schutzbrille, Schraubzwinge

3.5.4 Lernziele:

– Eine Gießform herstellen können
– Erkennen, dass Metall zum Schmelzen gebracht werden kann

3.5.5 Arbeitsschritte:

1 Gips anrühren
2 Den flüssigen Gips in die vorgefertigte Form füllen
3 Den Gips in der Form trocknen lassen
4 Den Holzrahmen von der Gipsplatte entfernen
5 Die Gießform mit dem Bleistift auf die glatte Seite der Gipsplatte aufzeichnen
6 Die Gießform und die Einfüllöffnung mit den Schneidewerkzeugen herausarbeiten
7 Die Gipsplatte mit der herausgearbeiteten Gießform und eine weitere unbehandelte Gipsplatte mit einer Schraubzwinge zusammenspannen
8 Die Zinnstange mit der Metallsäge in passende Stücke auseinander sägen
9 Die einzelnen Zinnstücke in der Schmelzpfanne erhitzen
10 Das flüssige Zinn in die Einfüllöffnung gießen
11 Nach angemessener Zeit (ca. 2–3 Minuten) die beiden Gipsplatten auseinander nehmen
12 Die gegossene Form abkühlen lassen
13 Den Anguss (durch die Einfüllöffnung entstanden) von der Gießform abtrennen
14 Mit der Feile die Ränder der gegossenen Form entgraten
15 Relief lackieren
16 Relief auf das vorgefertigte Holzbrettchen aufkleben

3.5.6 Hinweis:

Das Holzbrettchen (100 × 100 mm) wird von der Lehrkraft vorbereitet und mit einem Aufhänger versehen. Ebenso wird der Holzrahmen für die Gipsform (Gipsplatte) aus den Holzleisten vorgefertigt.

3.5 Relief aus Zinn

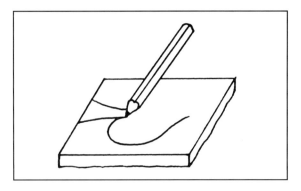
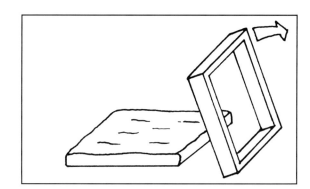
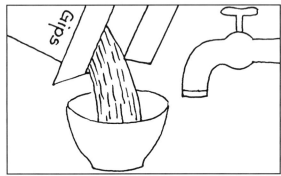
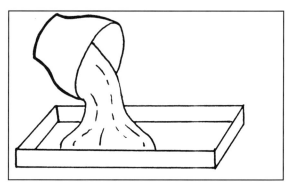
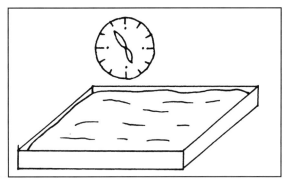
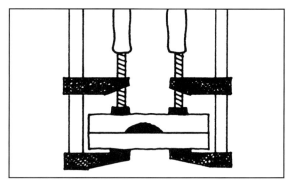
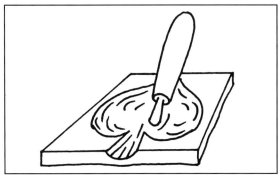
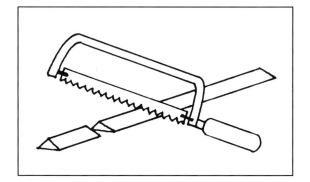

3.5 Relief aus Zinn

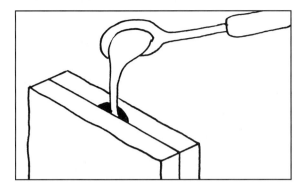

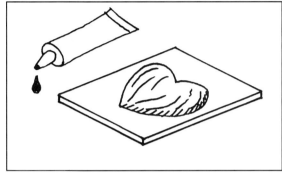

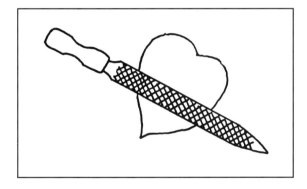
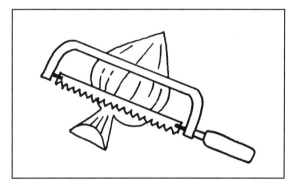

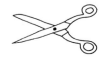

3.5 Relief aus Zinn

Den Holzrahmen entfernen.	Gips trocknen lassen.
Gießform auf die Gipsplatte aufzeichnen.	Gips anrühren.
Gips in die Form füllen.	Zinnstücke in der Schmelzpfanne schmelzen.
Gießform herausarbeiten.	Den Anguss abtrennen.
Metall	Relief

3.5 Relief aus Zinn

Die Gießform mit einer unbehandelten Gipsplatte zusammenspannen.	Die Ränder des Reliefs entgraten.
Das flüssige Zinn in die Gießform gießen.	Zinnstange zerkleinern.
Relief lackieren.	Relief auf das Holzbrettchen aufkleben.
Metall	Relief

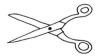

3.6 Schweifübung (S-Form)

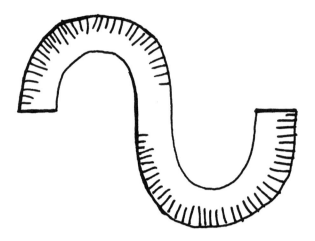

3.6.1 Material:
Aluminium-Flachmaterial (20 × 30 × 2 mm)

3.6.2 Werkzeuge:
Filzstift (permanent), Schlosserhammer oder Schweifhammer, Metallschere oder Metallhandbügelsäge

3.6.3 Lernziele:
- Erkennen und erleben, dass Metall im kalten Zustand verformt werden kann
- Das Verformen von Metall durch Schweifen einüben

3.6.4 Arbeitsschritte:
1. Flachmaterial auf Länge anzeichnen
2. Flachmaterial auf Maß zuschneiden
3. Mit dem Filzstift die Mitte anzeichnen
4. Mit dem Filzstift die Hammerschläge aufzeichnen
5. Mit dem Schweifhammer oder mit der Finne des Schlosserhammers die angezeichneten Hammerschläge ausführen, bis die gewünschte Form erreicht ist.

3.6.5 Hinweis:
Anstelle des Alu-Flachmaterials können Alu-Abfälle aus einer Spenglerei verwendet werden, die von der Lehrkraft auf das erforderliche Maß zugeschnitten werden. In Frage kommen auch andere Metalle, z. B. Stahl oder Kupfer.

3.6 Schweifübung

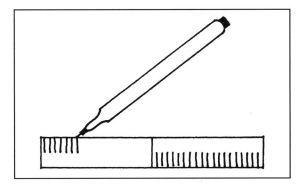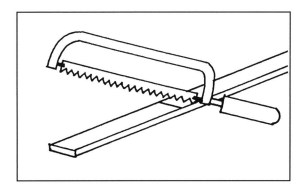
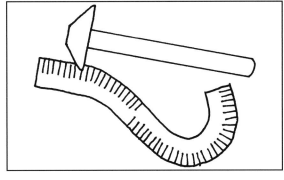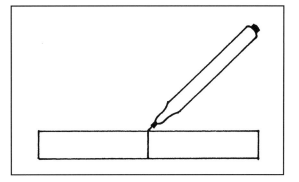
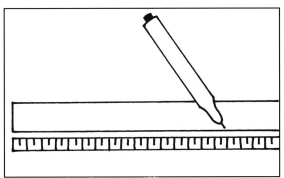

3.6 Schweifübung

Hammerschläge aufzeichnen.	Flachmaterial Mitte anzeichnen.
Flachmaterial auf Länge anzeichnen.	Mit dem Schweifhammer Flachmaterial bearbeiten.
Flachmaterial auf Maß abschneiden.	Metall
	Schweifübung

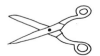

4 Werkarbeiten aus dem Materialbereich Kunststoff

4.1 Uhr

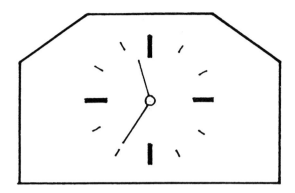

4.1.1 Material:

Plexiglas, 5–10 mm stark, je nach Schaftlänge des Uhrwerks (kann in Hobbyzentralen oder im Glashandel bezogen werden), Uhrwerk

4.1.2 Verbrauchsmaterial:

Hinterglasmalfarben, Polierwachs, Schleifpapier (nass und trocken)

4.1.3 Werkzeuge:

Fuchsschwanz, Stichsäge, Dekupiersäge, Laubsäge, Polierscheibe, Handbohrmaschine, Tischhalterung, Bohrer in der Schaftstärke des Uhrwerks, Filzstift (abwaschbar), Senker, Laubsägeblätter

4.1.4 Lernziele:

– Die Bearbeitung des Werkstoffs Plexiglas erlernen und einüben
– Das Polieren von Plexiglas einüben

4.1.5 Arbeitsschritte:

1 Form der Uhr nach eigener Vorstellung mit dem Filzstift aufzeichnen (evtl. auch mit Schablone)
2 Aufgezeichnete Form aussägen
3 Die Bohrung für das Uhrwerk mit dem Filzstift anzeichnen
4 Die angezeichnete Stelle je nach Schaftstärke des Uhrwerks bohren
5 Das Bohrloch mit dem Senker entgraten
6 Die Schnittflächen mit der Feile säubern
7 Die Schnittflächen mit dem Schleifpapier trocken und nass glätten
8 Die Schnittflächen mit der Polierscheibe polieren
9 Die Zifferblatteinteilung mit dem Filzstift anzeichnen
10 Die Ziffer oder Ziffermarkierung mit den Glasmalfarben nachmalen
11 Die Rückseite der Uhr je nach Fantasie ganzflächig mit einer Farbe bemalen (dabei die Farbe der Zeiger beachten – Kontrast!)
12 Uhrwerk und Zeiger am fertigen Zifferblatt montieren

4.1.6 Hinweis:

Bis zum Bemalen des Zifferblattes sollte die Schutzfolie auf dem Plexiglas nicht abgezogen werden.
Beim Feilen die Längsrichtung des Werkstücks beachten!
Beim Einspannen des Werkstücks in den Schraubstock müssen Schutzbacken verwendet werden.

4.1 Uhr

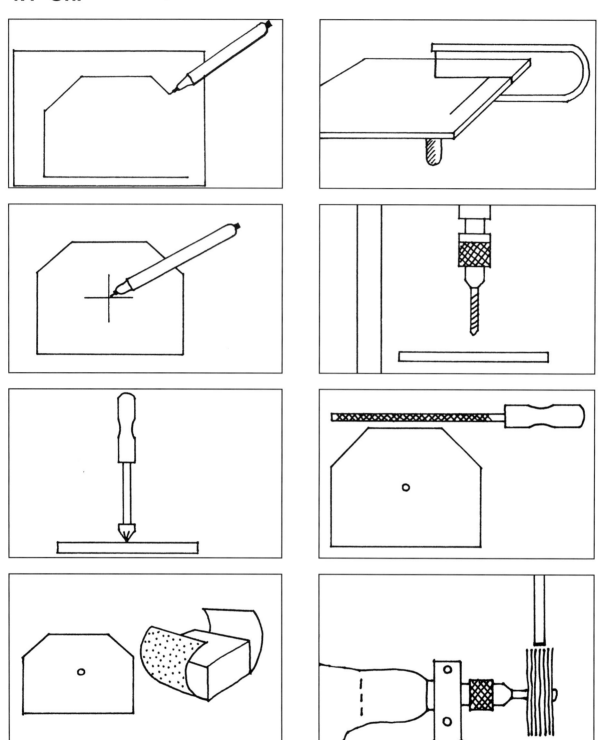

4.1 Uhr

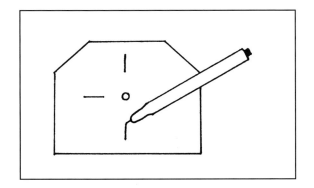
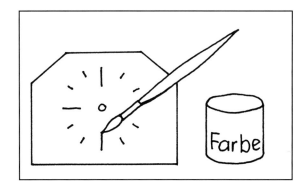

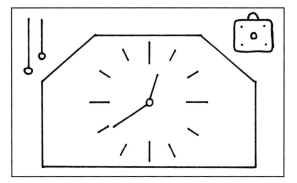

4.1 Uhr

Die Bohrung für das Uhrwerk anzeichnen.	Die Schnittflächen mit der Feile säubern.
Bohrung für das Uhrwerk bohren.	Form aussägen.
Bohrung entgraten.	Die Schnittflächen mit dem Schleifpapier glätten.
Form der Uhr aufzeichnen.	Uhrwerk und Zeiger montieren.
Plexiglas	Uhr

4.1 Uhr

Die Rückseite der Uhr mit Farbe bemalen.	Die Schnittflächen mit der Polierscheibe polieren.
Die Ziffern mit den Glasmalfarben nachmalen.	Zifferblatteinteilung mit dem Filzstift anzeichnen.
Plexiglas	Uhr

4.2 Brieföffner

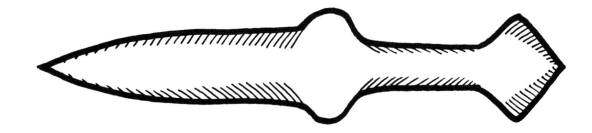

4.2.1 Material:

Plexiglas (3 mm stark), Pappe für die Schablone

4.2.2 Verbrauchsmaterial:

Schleifpapier (trocken und nass), Polierwachs

4.2.3 Werkzeuge:

Laubsäge, Laubsägeblätter, Dekupiersäge, Dekupiersägeblätter, Pappschere, Filzstift, Bleistift, Polierscheibe

4.2.4 Lernziele:

– Die Bearbeitung des Werkstoffs Plexiglas erlernen und einüben
– Das Polieren von Plexiglas einüben

4.2.5 Arbeitsschritte:

1 Brieföffner-Form nach eigener Vorstellung auf die Pappe aufzeichnen
2 Die aufgezeichnete Form mit der Pappschere ausschneiden
3 Die Form der Schablone auf das Plexiglas übertragen
4 Die aufgezeichnete Form aussägen
5 Die Schnittflächen mit der Feile säubern
6 Die Schneide des Brieföffners zufeilen
7 Die gefeilten Flächen mit dem Schleifpapier trocken und nass glätten
8 Den Brieföffner polieren

4.2.6 Hinweis:

Die Anmerkungen zum Werkstück „Uhr" (4.1) beachten!

4.2 Brieföffner

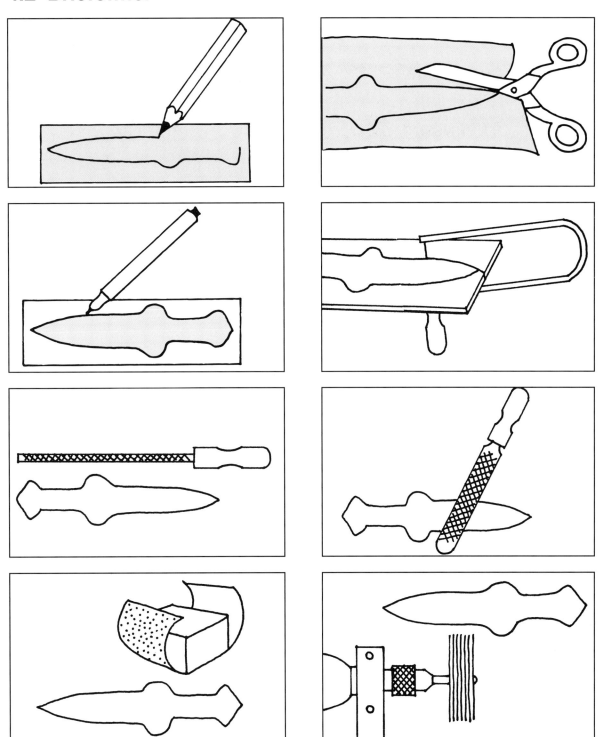

4.2 Brieföffner

Form auf das Plexiglas übertragen.	Die Schneide des Brieföffners zufeilen.
Den Brieföffner mit der Polierscheibe polieren.	Schablone ausschneiden.
Die Form aussägen.	Die Flächen mit dem Schleifpapier glätten.
Die Schnittflächen mit der Feile säubern.	Schablone für den Brieföffner entwerfen.
Plexiglas	Brieföffner

Arbeitsschritte zum Thema: **Materialbereich:**

Formblatt

Das richtige Werkzeug für Ihren Unterricht!

Kreative Impulse für die Unterrichtsgestaltung

Marianne Richter
Textilarbeit/Werken
1.–6. Jahrgangsstufe
64 S., 80 Farbabb., kart. Best.-Nr. **2260**

Marianne Richter
Textilarbeit/Werken
Grund- und Hauptschule
1.–6. Jahrgangsstufe
64 S., kart. Best.-Nr. **2758**

Marianne Richter/Brigitte Wintergerst
Werken/Textiles Gestalten
Neue Anregungen für die Grund- und Hauptschule
72 S., kart., m. v. Farbabb. Best.-Nr. **3493**

In dieser Reihe finden Sie eine große Anzahl interessanter Werkstücke aus Papier, Holz, Ton, Metall, Draht, Blech, plastischen oder textilen Materialien. Dazu bieten die Bände klar formulierte Anleitungen, auf das Alter abgestimmte Werkstücke zumeist mit Spielfunktion, anschauliche Farbabbildungen sowie exakt beschriebene Lernstationen für einen handlungsorientierten Unterricht. Die abwechslungsreichen Beispiele sind für die Grund- und Hauptschule geeignet.

Ruth Böhm
Falten und Gestalten mit Papier
72 S., DIN A4, kart. Best.-Nr. **2947**

Das Buch zeigt, dass Kinder durch Knicken und Falten von Papier viele reizvolle Formen und Körper zaubern können und gleichzeitig in ihrer Konzentrationsfähigkeit und Geschicklichkeit geschult werden.

Christa Troll/Evi Günther
Offener Unterricht im Fach Textilarbeit/Werken
Kopiervorlagen für Spiele und Lernzirkel
64 S., DIN A4, kart. Best.-Nr. **3064**

Mehr Spaß durch spielerisches Lernen! Neue Spielmaterialien für einen offenen Textil- und Werkunterricht, die selbstständiges Lernen in verschiedenen Unterrichtsphasen fördern. Mit Tipps zur Erstellung eigener Unterrichtsmaterialien.

Kreative Ideen von AUER!

Auer BESTELLCOUPON Auer

Ja, bitte senden Sie mir/uns

___ Expl. Marianne Richter
Textilarbeit/Werken,
1.–6. Jahrgangsstufe Best.-Nr. **2260**

___ Expl. Marianne Richter
Textilarbeit/Werken,
Grund- und Hauptschule
1.–6. Jahrgangsstufe Best.-Nr. **2758**

___ Expl. Marianne Richter/Brigitte Wintergerst
Werken/Textiles Gestalten Best.-Nr. **3493**

___ Expl. Ruth Böhm
Falten und Gestalten mit Papier Best.-Nr. **2917**

___ Expl. Christa Troll/Evi Günther
Offener Unterricht im Fach Textilarbeit/Werken Best.-Nr. **3064**

mit Rechnung zu.

Bitte kopieren und einsenden an:

**Auer Versandbuchhandlung
Postfach 11 52
86601 Donauwörth**

Meine Anschrift lautet:

_____
Name/Vorname

_____
Straße

_____
PLZ/Ort

_____
Datum/Unterschrift

_____
E-Mail

**Rund um die Uhr bequem bestellen unter:
Telefon: 01 80 / 5 34 36 17
Fax: 09 06 / 7 31 78**